Älterwerden für Anfängerinnen

Silvia Aeschbach

Älterwerden für Anfängerinnen

Willkommen im Klub!

Fotografien von Gianni Pisano

Lektorat: Brigitte Matern, Konstanz
Korrektorat: Andrea Leuthold und Lydia Zeller, beide in Zürich
Umschlaggestaltung: Thomas Jarzina, Holzkirchen
Fotos Umschlag: Gianni Pisano, Zürich
Layout, Satz und herstellerische Betreuung: Lucius Keller
und Andrea Leuthold, Zürich
Druck und Bindung: CPI – Ebner & Spiegel, Ulm

Print ISBN 978-3-03763-064-8
E-Book ISBN 978-3-03763-590-2

www.woerterseh.ch

Für H. – für immer

Inhalt

Sweet Fifty

Ich bin 55 Jahre alt und lebe meistens im Hier und Jetzt. Manchmal aber auch im Niemandsland – an einem Ort zwischen nicht mehr jung, aber auch noch nicht alt. Dieses Territorium ist nicht wirklich eine Wohlfühlzone. In einer auf Jugendlichkeit getrimmten Gesellschaft, die bei Frauen vor allem makellose Schönheit honoriert, galt eine Frau in mittlerem Alter lange als nicht besonders attraktiv. Das ändert sich langsam. Es wird aber auch Zeit, denn bekanntlich gibt es nur eine Alternative zum Älterwerden, und die ist mir definitiv zu definitiv.

Die Werbeindustrie hat »die ältere Frau« bereits entdeckt – und dies nicht nur als Käuferin von Luxusartikeln und teuren Anti-Aging-Produkten. Und selbst Hollywood steht zunehmend auf Schauspielerinnen jenseits der fünfzig wie Meryl Streep, Helen Mirren, Tilda Swinton oder Michelle Pfeiffer. Sie wurden mit dem Alter immer besser und können heute durchaus als Vorbild dienen, da sie über Talent, Substanz und Profil verfügen. Man mag von Madonnas Toy-Boy-Liaisons halten, was man will, Sharon Stones Botox-Orgien missbilligen und Demi Moores Körperkult für übertrieben halten: Fakt ist, dass diese Frauen in einer Branche, die jahrzehntelang auf Äußerlichkeiten und den Sex-Appeal junger Frauen setzte, immer noch da und nicht in der Versenkung verschwunden sind – denn sie sind keine Sternchen, sondern echte Stars. Trotzdem liegt noch ein gutes Stück Weg vor uns: Die US-amerikanische Sängerin Madonna sagte neulich in einem Interview, inzwischen sei alles gesellschaftsfähig geworden, nur nicht das Altern, »der körperliche Zerfall ist das Einzige, worüber man heute noch diskriminiert werden kann«. Diese Beobachtung ist scharfsinnig, nicht nur in Bezug auf das Showbusiness.

Als Mann wäre ich jetzt »im besten Alter« und durchaus noch fähig, eine Familie zu gründen (natürlich nur mit einer Jüngeren). Für mich als Frau hingegen ist so mancher Zug bereits abgefahren, und dummerweise habe ich das zuerst gar nicht realisiert. Meine Devise war immer: Das hat noch Zeit. Oder: Jetzt ist nicht der richtige Moment. Doch dann war es zu spät für Kinder, ich galt als zu alt für den begehrten Job oder war nicht mehr mutig genug für eine Reise mit dem Rucksack rund um die Welt.

Auch äußerlich nagt der Zahn der Zeit an mir; mein Gesicht und mein Körper zeigen die Spuren der Vergangenheit. An guten Tagen finde ich das interessant, an schlechteren deprimiert es mich. Schokolade macht plötzlich dick, die Fältchen um die Augen gehen auch nach zehn Stunden Schlaf nicht mehr weg, und der Busen zieht südwärts. Aber auch andere Dinge sind in Bewegung. Leider gehts auch hier um Abbau. Der sinkende Östrogenspiegel sorgt für manches Tränental und manch trotziges Aufbegehren. (Ich entdecke neue Seiten an mir wie zum Beispiel plötzlich aufwallende Aggressionen.) Die schwindenden Hormone lassen unter anderem auch die Gebärmutter schrumpfen, und sie sorgen dafür, dass sich viele Stellen an meinem Körper wie die Wüste Sahara anfühlen. Kurz: Auch der Sex ist nicht mehr, was er mal war, dafür lagere ich jetzt jede Menge Wasser in meinen Beinen ab. Ein schlechter Tausch, finde ich. Die Aussichten sind nicht wirklich optimal für die nächsten Jahrzehnte, wenn man, wie ich, eine gewisse Eitelkeit besitzt. Die immer knapper werdende Lebenszeit und die zunehmende Sterbewahrscheinlichkeit sind ebenfalls nicht gerade Freudenspender. Denn ich lebe verdammt gern. Und ich würde das verdammt gern auch noch ziemlich lang tun.

Meine Mutter brachte es immerhin auf 93 lebenswerte Jahre. In ihren Fünfzigern war sie stets dezent geschminkt und elegant im Kostüm gekleidet. Ich habe sie selten ohne High Heels und Lippenstift gesehen. Und kein noch so starker Windhauch konnte ihre Maggie-Thatcher-Frisur zerstören. Der wöchentliche Coiffeurbesuch und die monatliche Dauerwelle legten die Grundlage zu diesem Kunstwerk. Sie sah nicht nur aus wie eine Dame, sie war auch eine. Sie sprach nie laut oder fluchte gar, war freundlich zu allen; sie besaß eine große Herzensbildung und ein Gottvertrauen, das ihr immer wieder über große Krisen hinweghalf. »Kind, es ist nicht einfach, jung zu sein«, pflegte meine Mutter zu sagen, »aber es ist auch nicht einfach, älter zu werden.« Als junge Frau machte ich mich darüber immer ein bisschen lustig. Warum sollte das Älterwerden ein Problem sein? Weil meine Mutter so vital war, konnte ich mir nicht vorstellen, wie schwierig das ist, wenn der Körper altert, während der Geist jung bleibt. Heute verstehe ich sie gut, denn oft stimmen nun das Innere und das Äußere, das reale und das gefühlte Alter nicht mehr überein.

Aber auch wenn Älterwerden kein Zuckerschlecken ist: Ich mag mein heutiges Leben. Weil ich so viel mehr als Bauch, Beine, Po bin. Weil Erfahrung klug macht und diese Klugheit attraktiv ist. Es war zwar nicht ganz einfach, mich selbst akzeptieren zu lernen und das Glück nicht immer bei anderen zu suchen. Doch heute kann ich das Alleinsein genießen (obwohl ich mich glücklich schätze, seit über zwanzig Jahren einen Liebsten an meiner Seite zu haben). Inzwischen habe ich mir auch die Panikattacken, die mich seit meiner Kindheit begleiteten, von der Seele geschrieben.* Und ich habe mich damit abgefunden, dass das Leben eine Achterbahn ist – eine Binsenwahrheit, die ich mit dreißig noch nicht geglaubt habe. Damals war ich bei jeder Krise überzeugt: Das überlebe ich nicht. Es geht mir heute richtig gut. Ich lebe in einem wohlhabenden Land, habe keine existenziellen Nöte, und viele meiner Sorgen sind echte Luxusprobleme. Und eigentlich möchte ich meine kostbare Lebenszeit nicht damit verschwenden, mich über Falten, Cellulite und meine nicht mehr so straffen Oberarme zu ärgern.

Den Herausforderungen des Älterwerdens stehen also durchaus positive Entwicklungen gegenüber. Und nicht nur das! Einer Studie zufolge sind Frauen zwischen fünfzig und siebzig viel glücklicher als andere Altersgruppen. Woher kommt das? Warum sind sie mit ihrem Leben zufriedener? Um das herauszufinden, habe ich dreizehn Frauen zwischen 43 und 73 Jahren interviewt. Da ist zum Beispiel die 55-jährige Kindergärtnerin, die nach langen Jahren der Mutterpflichten nun als Cowgirl arbeiten möchte, oder die sechzigjährige Maskenbildnerin, die

* »Leonardo DiCaprio trifft keine Schuld«, Wörterseh Verlag 2014.

sich neben ihrer Arbeit in einem afrikanischen Hilfsprojekt engagiert, oder die Journalistin, die nach einem Burnout mit 63 Jahren den beruflichen Neustart wagte – und jetzt bis über beide Ohren verliebt ist. Es sind dreizehn selbstbewusste, lebenserfahrene und trotz durchlaufener Krisen optimistische Frauen, die ihr Geheimnis für ein erfülltes Älterwerden preisgeben. Dreizehn Frauen, die neugierig geblieben sind, neugierig auf das Leben und auf die Jahre, die noch vor ihnen liegen. Sie alle erzählen aus ihrem Alltag und von der nicht immer unkomplizierten, aber längsten Beziehung unseres Lebens: der zu unserem Körper.

»Ich bin meine eigene Visiten-karte«

Die Natürliche – Alter schützt vor Coolness nicht: Michaela Zenhäusern, 43, Inhaberin eines Coiffeur-salons

»Ab vierzig wirst du anders wahrgenommen«, sagt Michaela Zenhäusern und lächelt. »Ich fühle mich von meinem Umfeld ernster genommen und respektvoller behandelt.« Aber auch der Blick auf sich selbst hat sich gewandelt. »Früher strebte ich nach Perfektion in allen Lebenslagen. Alles musste immer tipptopp sein. Diesen Ehrgeiz habe ich zwar noch in beruflichen Dingen, heute denke ich aber, dass es die Individualität, die Ausstrahlung und das innere Leuchten sind, die eine Frau schön machen.«

Früher sei sie extrem detailverliebt gewesen, sagt die gebürtige Walliserin. »Heute sehe ich das Große und Ganze, auch bei mir.« Natürlich gebe es Dinge, die sie an sich selber störten, »aber das Gesamtbild stimmt für mich – jedenfalls meistens«. Hochgewachsen, schlank, mit glänzenden braunen Haaren, großen dunklen Augen und einer kecken Nase ist die 43-jährige Unternehmerin ein echter Hingucker. Hat sich eine der jüngsten in diesem Buch Porträtierten mit dem Älterwerden überhaupt schon auseinandergesetzt? »Natürlich, fast jeden Tag«, lacht sie, »ich arbeite in einer Branche, in der Jugend und gutes Aussehen großgeschrieben werden.«

Michaela Zenhäusern lebt in einer festen Beziehung und ist kinderlos. »Mein Baby ist das Geschäft«, sagt sie. Mit dreißig bereits führte die Haarkünstlerin ihren eigenen Salon. »Ich habe mir immer schon gewünscht, eigenständig und frei zu sein.« Bereits als kleines Mädchen wollte sie Coiffeuse werden. »Ich hatte früh einen Blick für ein stimmiges Äußeres und das Schöne. Sonntags in der Kirche betrachtete ich die Frauen und überlegte mir, wie ich sie frisieren würde.« Die Eltern waren ob des Berufswunschs ihrer Tochter nicht begeistert, doch Michaela setzte sich durch; nach einem Schnupperpraktikum und einer dreijährigen Lehre bildete sie sich in der Haute Coiffure weiter. Sie sagte dem Wallis Adieu und arbeitete in den besten Salons der Schweiz, in Crans-Montana, Zermatt, Ascona, St. Moritz. »Es war eine tolle Zeit«, erinnert sie sich. »Ich bin viel herumgekommen und habe die verschiedensten Menschen kennen gelernt.« Nach der Meisterprüfung übernahm sie dann die Geschäftsführung eines Coiffeursalons in einem Zürcher Luxushotel; danach machte sie sich selbständig.

In ihrem Beruf sei sie »optisch exponiert«, sagt Michaela. Sie sehe sich zwangsläufig oft im Spiegel, und die Kundinnen würden sie natürlich auch mustern. »Ich bin meine Visitenkarte. Das macht meistens Spaß, ist aber an schlechten Tagen schwierig.« Und das liegt nicht nur an einem Bad-Hair-Day, den auch eine Fachfrau hin und wieder einmal hat. »Ich habe gemerkt, dass ich mit zunehmendem Alter dünnhäutiger geworden bin«, sagt sie nachdenklich. Manchmal laste auch die

Verantwortung schwer auf ihren Schultern. Aber die meiste Zeit fühle sie sich freier als mit dreißig. »Ich lebe heute bewusster, hinterfrage nicht mehr alles und bin mir gegenüber nicht mehr so kritisch.«

Diese Gelassenheit ist auch im Gespräch zu spüren. Michaela lächelt viel, und ihre warmen braunen Augen üben eine ganz spezielle Anziehungskraft auf Männer aus, das hat sie oft gehört. Lachend gesteht sie, dass sie gern flirtet; allerdings zögen sie heute andere Männer an als früher. »Ich habe hohe Ansprüche und weiß, was ich zu geben habe. Mein Partner soll mir auf Augenhöhe begegnen, und ich bin überglücklich, einen Mann gefunden zu haben, der diesem Anspruch gerecht wird.«

Durch ihre jungen Mitarbeiterinnen und Mitarbeiter ist sie am Puls der Zeit. Sie kennt die aktuellen Modetrends, frisiert immer wieder an internationalen Fashion-Shows und bildet sich regelmäßig weiter. Wer sie in ihrem Salon beobachtet, merkt, wie viel Freude ihr diese Arbeit macht, die für sie eigentlich eine Berufung ist. »Ich liebe es, Frauen schön zu machen, ihnen ihre Vorzüge aufzuzeigen.« Sie sei ohnehin »eine Frauenfrau – ich fühle mich in der Gesellschaft von Frauen ausgesprochen wohl«. Kein Konkurrenzkampf unter Kolleginnen? »Nein, im Gegenteil«, sagt Michaela, »ich freue mich über alle Erfolge, und wir unterstützen uns auch gegenseitig, wenn es mal schwierig wird.« Und überhaupt: »Mir gefallen Frauen, die etwas zu bewegen vermögen.«

Ist das Älterwerden in dieser Branche ein Problem? »Nicht, wenn ich gut zu mir schaue und mich pflege«, sagt sie. Aber natürlich gebe es Tage – zum Beispiel nach einer schlaflosen Nacht –, »an denen ich mich alt fühle und das Licht im Salon als zu hell empfinde«. Die meiste Zeit aber genießt sie ihr jetziges Alter. »Ich bin voller Energie und hoffe, dass mir diese Kraft über die Jahre erhalten bleibt.« Wenn man erlebt, wie leichtfüßig und elegant sich Michaela bewegt, zweifelt man nicht daran. Zu ihrer Jugendlichkeit passt auch ihr Kleiderstil, sie liebt es klassisch und kombiniert gern mit etwas Verspieltem, zum Beispiel mit einem filigranen Anhänger an einer langen Halskette.

Macht sie sich Gedanken darüber, dass die Attraktivität einmal schwinden könnte? »Wer sagt denn, dass ältere Frauen nicht mehr attraktiv sind?«, braust sie auf. »Ich finde es beleidigend, wie mit reifen Frauen in unserer Gesellschaft umgegangen wird. So, als ob sie unsichtbar wären. Dabei gibt es so viele schöne Frauen jenseits der fünfzig, und ich begegne immer wieder einer, bei der ich denke: ›Wow! So möchte ich später auch einmal aussehen!‹« Michaela ist überzeugt, dass sich die Einstellung gegenüber dem Älterwerden in den nächsten Jahrzehnten verändert. »Irgendwann wird es eine Generation geben, die die Schönheit und Attraktivität älterer Menschen schätzt.«

Bei ihrer Arbeit trifft sie immer wieder einmal auf eine Frau, die zu viel Botox oder anderes gespritzt hat. »Da gibt es viele wirklich schlimme Beispiele«, sagt sie. Für sie selbst seien Beauty-Eingriffe kein Thema, »but never say never«, lacht sie – sag niemals nie. Eines weiß sie jedoch jetzt schon: Wenn sie irgendwann einmal etwas machen lassen würde, dann wäre das nur ein minimaler Eingriff, »mein Gesicht und mein Körper erzählen meine Geschichte. Darauf bin ich stolz.« Ihr Ziel ist »in Würde altern und eine coole Lady werden«.

Damit Michaela Zenhäusern fit bleibt, sucht sie die Ruhe. »Mein Job ist stressig, ich brauche regelmäßig Zeit für mich allein.« Sie liebt ausgedehnte Bäder – »so kann ich am besten entspannen« – und Bewegung in der Natur, wo sie ein- bis zweimal pro Woche walkt. Auch ein guter Schlaf ist ihr enorm wichtig, und wenn sie mal Luftveränderung braucht, dann fährt sie in ihre alte Heimat. »Im Wallis tanke ich auf, dort hole ich mir Kraft und Inspiration. Das ist mein Rückzugsort und der Gegenpol zur Stadt mit ihrer Hektik.«

Hier trifft sie auch Frauen, die ihr zeigen, wie man in Würde alt wird. »Meine Mutter und meine Großmutter haben beide nicht nur eine wunderbare Haut, sondern auch dichtes, kräftiges Haar. Aber nicht nur ihr Äußeres ist schön, auch ihr Inneres strahlt. Ich habe meine Vorbilder in der eigenen Familie«, lacht Michaela, »da kann ja nicht viel schiefgehen!«

Abschied von der Arktis

Zeit meines Lebens war ich ein »Gfrörli«. Ich fröstelte noch bei dreißig Grad im Schatten. Ging im Sommer regelmäßig mit der Wärmeflasche ins Bett. Und so mancher Liebhaber beschwerte sich über meine kalten Füße. Meine Nase war schon im September rot und fühlte sich wie ein Eiszapfen an, nur weil draußen ein kühles Lüftchen blies. Kurz, keine Art des Frierens war mir fremd, ich kannte alles: das Frösteln, das Bibbern, das Zittern und das Schlottern. Doch eines Tages, kurz nach meinem 45. Geburtstag, verließ ich die Arktis und betrat die Sahara.

Es war ein schöner Frühsommervormittag. Ich leitete eine Sitzung meines Redaktionsteams, auf der wir die Modetrends der kommenden Herbst-Winter-Saison besprachen. Einige meiner jüngeren Kolleginnen waren schon in Hochsommerstimmung. Sie trugen kurze Röcke, Shorts und ärmellose Trägershirts. Mir lief es nur schon beim Anschauen der nackten Arme und Beine kalt den Rücken hinunter. »Was haben die wohl noch an, wenn es richtig heiß ist?«, fragte ich mich. Aber was interessierte mich, wie sich meine Kolleginnen anzogen? Ich trug meine gewohnte wärmende »Uniform«: Unterleibchen,

T-Shirt, Bluse, Blazer, Jeans und den obligaten Seidenschal um den Hals.

Wir begutachteten also gerade gemeinsam die neuen Laufsteg-Looks aus Paris, da überlief mich auf einmal eine heiße Welle, so als hätte man mich in einen glühenden Backofen gesteckt. Der Überfall kam so plötzlich, dass ich nach Luft schnappen musste. Innert Sekunden schoss mir der Schweiß aus allen Poren. Hektisch suchte ich in meiner Handtasche nach einem Taschentuch und tupfte mir damit die Stirn trocken. »Du hast einen roten Kopf«, sagte meine Praktikantin Julia emotionslos. In die Hitzewallung mischte sich aufkeimende Wut. »Dumme Göre«, dachte ich. Doch Julia schien meinen Ärger nicht zu bemerken und meinte nur: »Bei meiner Mutter haben die Wechseljahre auch so begonnen.« Ungerührt plapperte sie weiter: »Die Frauenärztin hat ihr Hormone verschrieben, jetzt geht es ihr besser. Wenn du möchtest, kann ich dir die Adresse besorgen.«

Wechseljahre, Hormone – fehlte nur noch, dass mir das kleine Biest Slipeinlagen gegen altersbedingte Blasenschwäche empfahl! »Ich hole dir ein Glas Wasser«, flötete jetzt auch meine Assistentin Betty. Ein Glas Wasser? Lächerlich! Ich brauchte eine ganze Badewanne, um meinen Durst zu stillen. »Nicht nötig, danke«, presste ich hervor. Mit letzter Anstrengung lächelte ich in die Runde: »Ich mach mich schnell etwas frisch. Dann gehts weiter.« Fünf Augenpaare folgten mir, als ich so locker wie möglich Richtung Toilette schlenderte. Keine einfache Aufgabe, wenn einem die Jeans an den Beinen kleben.

Kaum hatte ich die Kabinentür hinter mir geschlossen, schälte ich mich ungeduldig aus meinen Hüllen. Luft, Luft, ich brauchte Luft! Große Schweißflecken verunzierten mein weißes T-Shirt. Himmel, so geschwitzt hatte ich noch selten in meinem Leben. Ob ich womöglich Fieber hatte? Aber natürlich wusste ich, dass die Hitze nicht von einer Krankheit herrührte. Ich hatte gerade einen ersten Vorgeschmack auf die Wechseljahre bekommen. Die Frostbeule war zum Heißblut mutiert.

Das kalte Wasser, das ich wenig später über meine Unterarme laufen ließ, zeigte Wirkung. Je mehr sich mein Körper abkühlte, desto ruhiger wurde ich auch innerlich. Was war nur mit mir los? Diese ungewohnte Hitzewelle, verbunden mit plötzlich aufschießender Aggression, das passte überhaupt nicht zu mir – ich bin doch eher eine von der ruhigen und bedächtigen Sorte! Außerdem verabscheute ich unkontrollierte Gefühlsäußerungen in der Öffentlichkeit. Dass mich meine Kolleginnen derart derangiert gesehen hatten, war mir peinlich. Schnell zog ich mein T-Shirt aus, stopfte es in meine Handtasche und knöpfte die Bluse zu. Auf Blazer und Seidenschal verzichtete ich vorsichtshalber ganz. Zurück im Sitzungszimmer, sah ich erleichtert, dass die Girls ungezwungen miteinander schnatterten. Ich stand nicht mehr im Zentrum der Aufmerksamkeit, und der Nachmittag verging ohne weitere Peinlichkeiten.

Als ich am Abend nach Hause kam, war ich froh, dass mein Liebster noch nicht da war. Ich stellte mich vor den Badezimmerspiegel und musterte mein Gesicht. Nichts deutete darauf hin, dass sich bei mir körperlich etwas verändert hatte. Nur unter den Augen zeichneten sich blassblaue Schatten ab, die von schlechtem Schlaf zeugten. In letzter Zeit wachte ich nachts häufiger auf, wo ich doch sonst immer wie ein Murmeltier geschlummert hatte.

In der folgenden Nacht plagten mich schwere Träume: Ich sah mich als kleines Mädchen an der Hand meines Vaters, ich klammerte mich an ihn, hatte Angst, verloren zu gehen. Dann schritt ich als Braut in einem zerfetzten Hochzeitskleid zum Altar, vor dem kein Bräutigam auf mich wartete, und schließlich sah ich mich als Greisin auf dem Totenbett liegen. Ich wachte mit klopfendem Herzen auf. Etwas war passiert in meinem Leben. Ich spürte: Ich hatte eine unsichtbare Schwelle überschritten. Meine Vergangenheit kannte ich, aber wie würde die Zukunft aussehen?

Bis dahin hatte ich mir selten Gedanken über das Älterwerden gemacht. Im Gegenteil. Wenn sich meine gleichaltrigen Kolleginnen über Falten, Botox-Behandlungen und die sichtbaren Auswirkungen der Schwerkraft unterhielten, hörte ich amüsiert zu. Diese Diskussionen interessierten mich nicht sonderlich, sie hatten nichts mit mir zu tun. Ich verließ mich darauf, dass ich gute Gene besaß. Meine Mutter hatte schließlich mit 45 Jahren noch ein Kind bekommen (mich), und sie war irgendwie alterslos geblieben. Natürlich war auch sie zu einer älteren Dame geworden, und allerlei körperliche Gebresten plagten sie; aber sie war immer noch voller Neugierde und Lebenslust. Ich weiß noch, wie sie einige Monate nach dem Tod meines Vaters zu mir sagte: »So, jetzt wäre ich wieder bereit, mich zu verlieben.« Damals war sie bereits über achtzig und lag gerade mit einer Venenentzündung im Spital. Ihr behandelnder Arzt, etwa halb so alt wie sie, war eine wahre Augenweide, und ich schwöre, dass sie jedes Mal, wenn er auftauchte, mit ihm zu flirten begann. Und das Schöne dabei: Wenn er auf dieses harmlose Geplänkel einging, dann röteten sich ihre Wangen, und sie schaute beglückt drein wie ein junges Mädchen.

So wenig wie für sie das Älterwerden ein Thema war, so wenig hatte es mich bislang beschäftigt. Doch ich wusste: Dies würde nun anders werden. Ich war jetzt eine Frau mittleren Alters, und die Wahrscheinlichkeit, dass es von jetzt an in jeder Beziehung bergab ging, war groß. Einzig das Gewicht würde in die Höhe schnellen. Auch darauf hatte ich bereits einen Vorgeschmack bekommen. In den letzten Monaten war ich sichtlich runder geworden. »Du hast ja Bäckchen wie ein Baby«, hatte mein Liebster einmal gesagt und mich in die Wange gekniffen. Ich konnte meiner Gehässigkeit, die mich da schon etwas wunderte, gerade noch Einhalt gebieten, um nicht zu entgegnen: »Sagt der Mann im siebten Monat!«

Am nächsten Morgen wählte ich meine Garderobe sorgfältiger aus als üblich. War es okay, dass ich in meinem Alter immer noch verwaschene Jeans trug? Machte mich die weiße Bluse nicht zu damenhaft? Sollte ich mir die Haare wachsen lassen, um jünger auszusehen? Erst kürzlich hatte eine Kollegin zu mir gesagt: »Ich verstehe nicht, warum sich alle älteren Frauen die Haare kurz schneiden!« War das ein versteckter Angriff? Doch im selben Moment hatte ich mit mir geschimpft: »Du leidest unter Verfolgungswahn, Silvia! Immerhin trägst du die Haare kurz, seit du dreißig bist.«

Wenige Tage nach dem Debakel am Redaktionstisch hatte ich einen Termin bei meiner Frauenärztin. Ich schätze sie, weil sie mit ihrer besonnenen Art nie auf Panik macht, auch wenn sich während einer Untersuchung eine Unregelmäßigkeit zeigt. Ich schilderte ihr meine Symptome, und sie meinte: »Sie stehen am Anfang der Wechseljahre. Es wird sich in den nächsten Jahren in Ihrem Körper vieles verändern.« Als ich von meinen Schweißausbrüchen und Aggressionen erzählte, sagte sie mitfühlend: »Seien Sie nachsichtig mit sich selbst und mit Ihrem Umfeld. Ein neuer Lebensabschnitt ist immer schwierig, bietet aber auch neue Möglichkeiten.«

Neue Möglichkeiten? Darauf konnte ich pfeifen! Ich wollte so weiterleben wie bisher, ohne mir Gedanken über die eigene Vergänglichkeit zu machen. Ich hatte auch gar keine Zeit, mich mit solchen Fragen zu beschäftigen. Ich war immer am Anschlag: Job, Beziehung, die Freunde und meine zwei Hunde – alles musste ich unter einen Hut bringen. Mein Leben war anstrengend, aber reich, und ich hatte keinerlei Lust auf irgendwelche Veränderungen körperlicher oder psychischer Natur.

Wenn ich gewusst hätte, welch aufregende Jahre auf mich zukommen, hätte ich damals wohl abwechselnd gelacht und geheult. Überfordert würde ich sein und glücklich, verzweifelt und voller Zuversicht, nur eines würde ich nie: mich langweilen.

»Mein Gesicht passt zu meinem Alter«

Die Präsente – bewusster leben: Mirija »Mimi« Richner Mollerus, 43, Unternehmerin

Mimi Mollerus ist sportlich unterwegs. Sie trägt einen schlichten grauen Pullover von bester Qualität und eine enge schwarze Hose, die ihre athletische Figur betont; die langen blonden Haare hat sie straff im Nacken zusammengebunden. Ihr amazonenhaftes Äußeres und eine spürbare leichte Unruhe könnten einem das Gefühl geben, nur ein weiterer Programmpunkt in ihrem straffen Zeitplan zu sein, wäre da nicht ihr warmes Lächeln, das zu sagen scheint: »Keine Eile. Ich bin für dich da.«

Und doch ist es nur eine kurze Zeitspanne, die die 43-Jährige gewährt, um den Morgenkaffee mit einem zu teilen. Mimi beginnt sofort zu erzählen. Eines ihrer beiden Kinder – sie sind drei- und achtjährig – hat sich die ganze Nacht erbrochen. An Schlaf sei nicht zu denken gewesen, sagt sie. »Solche Nächte rauben dir Kraft für den Tag – aber zu Hause bin ich eben zu hundert Prozent Mutter und Ehefrau und im Geschäftsleben zu hundert Prozent Unternehmerin«, erklärt Mimi und wirkt auf einmal ganz weich. Dann strafft sie die Schultern und sagt: »Jammern liegt nicht in meiner Natur, das bringt weder mich noch meine Familie noch das Unternehmen weiter.«

Das Unternehmen ist Maison Mollerus, eine Firma, die exklusive Accessoires herstellt und damit auch international erfolgreich ist. Mimis Vater hat es vor dreißig Jahren gegründet; heute leiten die beiden es gemeinsam. Mimi ist das Gesicht der Firma und verkörpert deren Lifestyle perfekt, auch in Werbekampagnen. Aber Mimi, 1972 in Düsseldorf geboren und heute glücklich mit einem Schweizer verheiratet, ist viel mehr als nur ein Aushängeschild: Sie ist auch das Herz des Unternehmens, verbringt täglich viele Stunden in der Firma und kümmert sich sowohl um die großen Abläufe wie auch um »Details, die mich manchmal in den Wahnsinn treiben können. Denn verändert man etwas Kleines, hat das meist einen Einfluss auf das Ganze.« Zusammen mit ihren Mutter- und ihren Repräsentationspflichten sorgt das für ein volles Tagesprogramm, das eine straffe Organisation erfordert. »Aber ich will mich nicht beklagen, ganz im Gegenteil. Meine Aufgabe in der Firma ist spannend, mein Familienleben erfüllt mich, und ich habe verlässliche Freunde«, sagt sie.

Ihr eigenes Schönheitsrezept ist einfach: Raus in die Natur, Sport und Produkte von Louis Widmer. Keine teure High-Class-Kosmetik? »Nein, warum auch, ich habe es gern simpel und natürlich.« Und man glaubt ihr aufs Wort, denn Mimi ist gänzlich ungeschminkt, etwas, das sich die wenigsten Frauen außerhalb der eigenen vier Wände erlauben. Bei einer Person ihres Bekanntheitsgrads kommt das noch seltener vor. »Für Shootings lasse ich mich natürlich professionell schminken, denn ich will ja neben den Models, die halb so alt sind, nicht gänzlich untergehen. Aber im Alltag ist es für mich nicht wichtig, durch mein Styling aufzufallen.« Solches Understatement muss man sich leisten können. Mimi kann das. Denn auch ohne Make-up ist die nordische Schönheit mit der warmen Ausstrahlung nicht zu übersehen.

Gutes Aussehen, privates Glück, beruflich engagiert: Mimi Mollerus ist keine Jetsetterin, sie lebt ein bodenständiges Leben und arbeitet gern. »Ich weiß, wie gut ich es habe, und schätze das ungemein.« Sie trägt keinen Schmuck, weder eine Uhr noch andere Preziosen. »Je älter ich werde, desto mehr erkenne ich, dass Besitz auch belasten kann«, sagt sie lächelnd. Das war allerdings nicht immer so. »Früher war kaum ein Shop vor mir sicher«, erzählt sie. »Passte mir ein Schuh, habe ich ihn gleich in vier Farben gekauft.« Und heute? »Ich sage mir, mehr als ein Kleid tragen kann man nicht.« Übt sie sich nun in Askese? »Nein, nein«, wehrt sie ab, »ich gönne mir sicher hin und wieder schöne Dinge, aber die wähle ich sehr gezielt aus. Viel Geld zu haben, macht nicht unbedingt glücklich, es braucht auch eine gewisse Demut dem Leben gegenüber. Je mehr man hat, desto abhängiger wird man von den Luxusgütern. Das ist anstrengend.«

Überhaupt lebt Mimi viel bewusster als früher. »Durch meine Kinder bin ich heute geerdeter«, sagt sie, »aber ich mache mir auch häufiger Sorgen. Deshalb genieße ich die schönen Augenblicke umso mehr.« Ein glückliches und intensives Familienleben bedeutet ihr viel, vermutlich auch, weil sie keine klassische Kindheit hatte. Schon als kleines Mädchen war sie in ein Internat gekommen, nach Schondorf am Ammersee. »Meine Eltern hatten wenig Zeit für mich, da sie selber viel arbeiteten«, erzählt sie ohne Bitterkeit. »Im Internat fühlte ich mich sicher gelegentlich allein, aber heute bin ich sehr glücklich, dass ich dort eine so schöne Schulzeit verbringen konnte. Zu Hause wäre ich ja ein Einzelkind gewesen.« Hat sie diese Erfahrung geprägt? »Ich fühlte mich lange wurzellos. Wenn das Leben ein Stuhl wäre, dann würde ich sagen, mir hat ein Teil der Rückenlehne gefehlt. Das Urvertrauen musste ich mir später selbst aufbauen. Auch heute noch brauche ich Struktur, Eckpunkte, ein System, damit ich mich wohlfühle. In der Schweiz bin ich nun aber gut verankert und glücklich.«

Nach der Schule ging es für Mimi dann erst einmal »auf die Überholspur«, wie sie es nennt. Sie machte eine Lehre als Industriekauffrau und studierte danach unter anderem in Florida Wirtschaft. »Mein Aufbruch in eine andere Welt hat mich gelehrt, auf eigenen Beinen zu stehen.« Sie liebte das Leben in den USA, doch als sie das Studium mit einem Master abgeschlossen hatte, bekam sie von ihrem Vater das Angebot, in die Firma einzutreten und ihr Können zu beweisen. »So kam ich 1999 in die Schweiz – meine Eltern lebten da noch teilweise in Düsseldorf – und übernahm das Schweizer Headquarter in Zürich.« Als sich ihre Eltern entschieden, für immer hierherzuziehen, und sie mit ihrem Vater plötzlich tagtäglich auf engem Raum zusammenarbeitete, sei es allerdings schwierig geworden. »Geprägt vom Leben in den USA, war ich damals ziemlich schnell unterwegs, mein Vater eher im Slow-Motion-Modus. Die Konflikte waren programmiert. Außerdem gehören wir unterschiedlichen Generationen an und hatten dementsprechend unterschiedliche Ideen.«

2003 lernte Mimi ihren Mann kennen; sie heiratete und bekam ihr erstes Kind. Nach einer beruflichen Pause begann sie, für die Uhrenfirma IWC zu arbeiten, bis sie nach drei Jahren wieder mit ihrem Vater zusammenfand – schließlich ist Maison Mollerus ein Familienunternehmen, das auch in der nächsten Generation weitergeführt werden soll. »Ich startete 2011 also einen neuen Versuch und nahm mir vor, ruhiger und gelassener zu sein als beim ersten Mal«, erzählt Mimi. Es funktionierte. Obwohl ihr Vater noch immer fast jeden Tag in die Firma kommt, klappt die Zusammenarbeit heute viel besser. »Es ist eben sein Lebenswerk, und es fällt ihm einfach schwer, loszulassen«, fasst sie die Situation zusammen. Als sie beispielsweise die Firma nach Erlenbach bei Zürich umsiedeln wollte, habe sie anderthalb Jahre gebraucht, bis sie ihn überzeugt hatte. Allerdings sei seine langjährige Erfahrung für das Unternehmen auch unglaublich wertvoll.

Dass sie den Dingen heute mehr Zeit lässt, ist für sie etwas Neues. »Ich bin ruhiger geworden in den letzten Jahren, weniger aufbrausend.« Diesen Weg würde sie gern weitergehen. Hat sie Angst vor dem Älterwerden? »Nein, mein Leben wurde mit den Jahren immer sinnvoller. Ich freue mich auf alles, was da kommen mag.« Sind Schönheits-OPs ein Thema für sie? Wieder ein klares Nein. »Besonders schlimm finde ich es, wenn Frauen ihr Gesicht stark verändern«, sagt Mimi, »nach einem extremen Eingriff können kleine Kinder unter Umständen nicht einmal mehr die Mimik ihrer Mutter deuten.« Über ihr eigenes gutes Aussehen sagt sie: »Ich hatte lange Zeit ein Babyface. Seit ich Kinder habe, sehe ich fraulicher aus; jetzt habe ich das Gesicht, das zu einer Frau meines Alters passt.«

Der Morgenkaffee ist ausgetrunken, unsere kurze Zeit um. Mimi muss zur Arbeit. Natürlich erst nach einer Umarmung, denn Herzlichkeit gehört bei ihr einfach dazu. Da kann der Alltag noch so hektisch sein.

Weder Fisch noch Vogel

Kürzlich war ich in meinem Quartier auf der Suche nach einem Parkplatz für Anwohner. Weil ich keinen fand, stellte ich das Auto leicht genervt in der Kurzparkzone ab. Ich rechnete aus: Es war vier Uhr nachmittags, ich würde also mindestens dreimal aus der Wohnung rausmüssen, um nachzuzahlen. Dreimal runter und wieder hoch in den dritten Stock. »Damit kann ich mir meine heutige Gymnastik sparen«, dachte ich missmutig.

Ich stieg aus meinem Mini und steuerte Richtung Hauseingang, als mir zwei in Weiß gekleidete Arbeiter mit Leiter und Farbkübeln entgegenkamen. Offensichtlich hatten sie Feierabend. Ich witterte Morgenluft: Vielleicht würde nun einer der begehrten Anwohnerparkplätze frei. »Steht Ihr Auto zufällig in der blauen Zone? Ich möchte gern umparkieren«, sagte ich mit meinem gewinnendsten Lächeln. Der jüngere der Männer lächelte zurück und sagte mit italienischem Akzent: »Ja, Madame, aber unsere Auto steht ziemlich weit weg. Und«, so fügte er an, »Ihre Tasche ist viel zu schwer für Sie.« Ich war etwas irritiert. Die Einkaufstasche in meiner linken Hand hätte ich locker mit dem kleinen Finger tragen können. Demonstrativ schwang ich sie über den Kopf. »Sehen Sie, überhaupt kein Problem, die Tasche ist nicht schwer!« Keine Antwort. Die beiden Arbeiter schienen es nicht eilig zu haben. Im Gegenteil. Der ältere zündete sich seelenruhig eine Kippe an. Der jüngere starrte mich an, und als er einen Schritt auf mich zukam, wich ich instinktiv ein wenig zurück. Er hatte aber keine unehrenhaften Absichten. »Sie können gern unsere Parkplatz haben. Wo steht Ihre Auto?«, fragte er, nickte, als ich es ihm zeigte, und befahl dann seinem Kollegen: »Pedro, hol unsere Macchina!«

Mein Auto stand etwa dreißig Meter entfernt. Bevor ich abwehren konnte, nahm mir der junge Mann die Tasche aus der Hand und sagte sanft: »Gehen Sie bitte voraus, Madame.« Langsam wurde die Situation skurril. Wirkte ich so alt und gebrechlich, dass man mir die Tasche tragen musste? »Ich bin Giulio«, stellte er sich vor. Ich nickte nur kurz. Wieso nannte er mir seinen Namen? »Silvia«, sagte ich leise. Ich verstaute die Tragtasche in meinem Kofferraum. Und jetzt? Hoffentlich kam der Kollege mit dem Lieferwagen bald. »Du Kinder?«, fragte der junge Arbeiter, und seine weißen Zähne blitzten in der Sonne. Ich schüttelte den Kopf. »Poverina«, seufzte er. Ich zuckte die Schultern. Was sollte ich darauf sagen? Wenn er fand, dass es traurig war, dass ich keine Kinder hatte, dann war es halt so. »Due cani«, sagte ich noch, aber er schaute mich nur verständnislos an. Nun gut, es war von ihm vielleicht etwas viel verlangt, zu verstehen, dass Hunde durchaus auch eine Art Kinderersatz sein können. Giulio starrte mich wieder an und sagte schließlich leise: »Sie erinnern mich an meine Mama.« »Na super«, dachte ich und gratulierte mir im Stillen: »Glück gehabt, altes Mädchen, immerhin erinnerst du ihn an die Mama und nicht an die Oma.«

Endlich fuhr der Lieferwagen vor. Giulio nahm meine Hand, führte sie zu seinem Mund und küsste sie. »Arrivederci, Madame«, sagte er mit trauriger Stimme. »Ciao und grazie«, stotterte ich. Als die beiden außer Sichtweite waren, atmete ich tief durch. Was für eine seltsame Begegnung! Während ich mit meinem Auto halsbrecherisch rückwärts durch die Einbahnstraße bis zur Parklücke fuhr, stieg eine Mischung aus Trauer und Ärger in mir auf. Wann war ich eigentlich zu einer Madame mutiert? Es war nicht das erste Mal, dass mich jemand so nannte. Erst kürzlich hatte mir ein Mann beim Einsteigen ins Tram den Vortritt gelassen, ebenfalls mit einem netten »Madame, nach Ihnen!«. Warum sah ich bei diesem Begriff rot? »Madame« stand für vieles, was ich nicht mochte: Spießigkeit zum Beispiel. Madame Tussaud, Madame Pompadour, Madame Bovary, Madame Sousatzka – Madame roch nach Wachsfigurenkabinett, nach Operette, nach Kitschroman. Alle diese gefühlsschwangeren Frauen waren mir ein Graus. Ich liebe reife Vollweiber wie Sophia Loren, Silvana Mangano, Simone Signoret oder Ingrid Bergman. Gestandene Frauen voller Lebenskraft.

An diesem Nachmittag blieb ich noch ziemlich lange in meinem Auto sitzen. Keine Mademoiselle, keine Madame, weder Fisch noch Vogel. Wer war ich denn? Eine bittere Stimme in mir sagte: »Du bist eine Frau mittleren Alters, die einen jungen, attraktiven Mann an seine Mama erinnert.« Vor wenigen Jahren hätte Giulio vermutlich noch mit mir geflirtet. Heute gab es nicht einmal mehr den Versuch zu einer unschuldigen Tändelei. Es musste wirklich schlimm um mich stehen. Wo waren nur die Jahre geblieben?

Vor meinem inneren Auge sah ich mich: die angepasste Tochter, den Sonnenschein der Familie; die junge, naive Frau, vom plötzlichen Interesse der Männer eingeschüchtert und verängstigt. Dann die ehrgeizige Journalistin, die auf der Karriereleiter hinaufstieg und irgendwann den Zeitpunkt verpasst hatte, eine Familie zu gründen. Ich sah mich als Freundin, die tröstend viele Tränen trocknete, als Schwester, die nie ganz ernst genommen wurde. Sah die Geliebte, die alle Hochs und Tiefs durch- und überlebte, die Partnerin, mit der man durch dick und dünn gehen konnte, die Vorgesetzte, für die das Team immer ein bisschen Familie war.

Ich schwor mir: Ich würde in zehn oder zwanzig Jahren weder Dauerwelle mit Blaustich noch Stützstrümpfe und Slipeinlagen gegen Blasenschwäche tragen, keine grauen Bundfaltenhosen und keine Gesundheitsschuhe. Und meine Haare würden hellblond bleiben, bis mich der Sensenmann holte. Jawoll!

Herausfordernd musterte ich mich im Rückspiegel und sagte laut: »Meine Liebe, keinen Tag älter als vierzig!« Als ich mein verkniffenes Gesicht sah, musste ich lachen. Jetzt wirkte ich nicht wie eine Madame, sondern wie eine verbitterte alte Schachtel. Eigentlich spielte es doch gar keine Rolle, wie ich von meiner Umwelt wahrgenommen wurde. Das hat man sowieso nicht in der Hand.

Ein paar Tage später klemmte eine kitschige Postkarte mit einer Marienfigur hinter meinem Scheibenwischer. Auf der Rückseite stand: »Come memoria di mia mamma morta luglio 2015. Cordialmente Giulio« – »In Erinnerung an meine Mama, die im Juli 2015 gestorben ist. Herzlich Giulio«. Ich weinte ein bisschen vor Rührung. Und plötzlich war es gar nicht mehr schlimm, dass mich Giulio mit seiner Mama verglichen hatte. Und falls ich ihn wieder einmal treffen sollte, dürfte er mich auch »Madame« nennen. Ich würde mich geehrt fühlen.

»Ich lasse alles auf mich zukommen«

Die Gelassene – in der Ruhe liegt die Kraft: Catharina Fingerhuth, 47, Kommunikationsfachfrau

Catharina hatte bis jetzt wenig Zeit, sich mit dem Thema Älterwerden auseinanderzusetzen. Die 47-Jährige ist Mutter dreier Kinder zwischen dreizehn und achtzehn Jahren. Sie arbeitet Teilzeit und hat als Alleinerziehende alle Hände voll damit zu tun, Familie und Job unter einen Hut zu bringen. Trotzdem wirkt sie alles andere als gestresst und strahlt eine beneidenswerte Ruhe aus. Catharina hat in den letzten Jahren gelernt, sich mehr Zeit für sich zu nehmen und den eigenen Interessen nachzugehen. »Jetzt, wo die Kinder größer sind, wird es einfacher«, sagt sie. Trotzdem ist ihr bewusst, dass sie in einem Alter ist, in dem sie bald einmal die beruflichen Weichen neu stellen sollte. »Ich werde noch etwa zwanzig Jahre arbeiten. Will ich etwas Grundlegendes ändern oder eine neue Richtung einschlagen, muss ich das jetzt machen; später bin ich zu alt.«

Die gebürtige Deutsche, die schon seit 25 Jahren in Zürich lebt, ist das, was man landläufig als natürliche Schönheit bezeichnet. Die zierliche kleine Frau trägt ihr aschblondes Haar kurz geschnitten; sie ist fast ungeschminkt, und ihr herzförmiges, feines Gesicht wird von zwei blitzblauen Augen dominiert. Im Gespräch macht sie einen offenen Eindruck, trotzdem spürt man eine gewisse Zurückhaltung. Darauf angesprochen, lacht sie: »Ich war als Kind ungeheuer scheu. Heute bin ich offener und unverkrampfter, das Selbstbewusstsein ist mit den Jahren kontinuierlich gewachsen.« Das sei nicht ohne Schmerzen abgelaufen, »aber was einen nicht umbringt, macht einen bekanntlich stärker«.

Als erwachsen würde sich Catharina trotz ihrer 47 Jahre nicht bezeichnen. »Früher freute ich mich darauf, älter zu werden. Ich dachte, dass ich dann wüsste, was ich will. Das ist aber bis heute nicht der Fall – und muss es auch nicht.« Catharina Fingerhuth macht sich nicht allzu viele Gedanken darüber, was die Zukunft bringt. Ihr Lebensmotto lautet: »Ich lasse alles auf mich zukommen.« Trotzdem hat sie eine Vorstellung davon, wie sie im Alter leben möchte. »Neben Gelassenheit wünsche ich mir, dass ich neugierig bleibe, meinen Interessen nachgehen kann und vielleicht noch ein paar neue entdecke, dass ich weiterhin einen so tollen Freundeskreis habe und dass ich den Kontakt zu meinen Kindern halten kann, auch wenn sie alle einmal ausgezogen sind.«

Keine Gedanken an allfällige körperliche Schwächen, die mit dem Älterwerden einhergehen? Catharina schüttelt den Kopf. »Darüber mache ich mir Gedanken, wenn es so weit ist.« Was würde sie heute ihrem jüngeren Ich sagen? Sie überlegt nicht lange. »Ich würde mir raten, nicht nur auf die Bedürfnisse der anderen zu schauen und meine eigenen wichtiger zu nehmen.« Wie man auf gute Art und Weise älter werden kann, sieht sie in ihrer Familie. »Meine Mutter ist siebzig und unglaublich fit; sie hat nach ihrer Pensionierung sogar noch einen Zahn zugelegt, ist unternehmenslustig und neugierig.« Mit sechzig habe sie zum Beispiel beschlossen, zweimal wöchentlich ins Fitnessstudio zu gehen, »nicht, weil es ein Arzt empfahl, sondern einfach, weil sie Lust dazu hatte. Heute ist sie konditionell besser unterwegs als ich.« Auch punkto Schönheit ist ihr die Mutter ein Vorbild. »Sie pflegt sich, hat ihren eigenen Stil und strahlt einfach von innen heraus. Darum wirkt sie viel zu jung, um alt zu sein.«

Auf ihr eigenes attraktives Äußeres angesprochen, reagiert Catharina verhalten. Sie zögert bei der Frage, ob sie sich schön finde. »Das habe ich mich noch nie gefragt«, sagt sie schließlich ohne jegliche Koketterie. Was ihr an sich gefalle? Wieder denkt sie nach. »Vielleicht meine Nase?« Es ist ihr sichtlich unangenehm, über ihr Aussehen zu sprechen. Trotzdem noch ein Versuch: Wie haben die Männer auf sie reagiert? Hat sie Selbstbewusstsein aus ihrer Attraktivität gezogen? Catharina schüttelt nur den Kopf und wird erst wieder gesprächiger, als es um ihren Kleidungsstil geht. »Ich mag es einfach und schlicht.« Catharina trägt fast ausschließlich Schwarz, Dunkelblau, Ecru und Grau. Knallfarben vielleicht dreimal pro Jahr – »das bin einfach nicht ich«. Auch hier ist die äußere Zurückhaltung ein Spiegel ihres Inneren. Heute ist sie ganz in Beige gekleidet. Jeans, Shirt und Jacke, alles sieht lässig und unkompliziert aus, doch man erkennt auf den ersten Blick, dass diese Frau weiß, was ihr steht – Catharina Fingerhuth verfügt über einen ausgezeichneten Geschmack.

In früheren Phasen ihres Lebens habe sie sich von ihrem Umfeld beeinflussen lassen, habe die Haare auch mal lang getragen, wenn das einem Freund gefiel. »Heute mache ich keine Kompromisse mehr; das ist das Schöne am Älterwerden! Am wichtigsten ist es, dass man mit sich selber zufrieden ist.« Diese Einsicht gibt sie auch an ihre Kinder weiter.

So unkompliziert ihr Kleidungsstil, so simpel auch ihre tägliche Pflege, die aus »einer anständigen Feuchtigkeitscreme und einem Sonnenschutz« besteht. Während sie sich mit Mitte dreißig »eher zukleisterte«, ist ihr das Schminken heute fast nicht mehr wichtig. »Etwas Wimperntusche, Abdeckstift und Lipgloss, mehr brauche ich nicht.« Schönheits-OPs sind für sie kein Thema, »jedenfalls jetzt nicht. Meine Großtante hat ihre Schlupflider für Anlässe einfach mit kaum sichtbaren schmalen Klebestreifen gestrafft. Vielleicht mache ich das später auch!«

Aber eben, zu viele Gedanken will sie sich nicht um Zukünftiges machen. »Man kann den Lauf der Dinge nicht aufhalten: ›Et kütt, wie et kütt‹, wie die Rheinländer sagen, es kommt, wie es kommt.«

Fata Morgana in der Migros

Mein Haar klebte im Nacken, und meine Stirn war klatschnass: Ich war wieder einmal am Schwitzen. Diesmal war keine Wallung schuld, sondern der mörderische Sommer. Schon eine Woche über dreißig Grad – kaum auszuhalten! Früher, als Frostbeule, hätte ich diese Temperaturen begrüßt, aber als »Wechseljährige« fand ich es nur grauenhaft. Obwohl es schon 18 Uhr war, glühte der Asphalt noch immer. Und ich mit ihm.

In der nahe gelegenen Migros umfing mich eine angenehme Kühle. Hier wollte ich bis mindestens September bleiben. Ich schnappte mir einen Einkaufswagen und steuerte in Richtung Kühltruhe, wo mich ein reichhaltiges Glaceangebot erwartete. Der Abend war gerettet! Voller Vorfreude gab ich meinem Einkaufswagen einen Stoß – und fuhr ungebremst in einen Mann, der vor mir ging. »Oh, Entschuldigung«, beeilte ich mich zu sagen. Der Mann drehte sich um und schaute mich einen Moment verärgert an, dann hellte sich seine Miene auf.

Aber hallo, den kannte ich doch! Genauer gesagt, ich kannte ihn, als er noch einige Jahre jünger war. Und auch mein Gegenüber hatte mich erkannt. Wir musterten uns, wortlos erstaunt. »Hoi«, sagte dann der Mann, für den ich vor langer,

langer Zeit durchs Feuer gegangen wäre. Leider hatte sich das Feuer der Leidenschaft eher in Richtung Fegefeuer entwickelt: Unsere Amour fou war an Höhen und Tiefen kaum zu überbieten gewesen – und hatte für mich schlecht geendet. Er verließ mich wegen einer anderen, Knall auf Fall. »Ich brauche Harmonie und Geborgenheit«, hatte er zum Abschied gesagt, »das mit uns ist mir zu anstrengend.« Für seine Feigheit hasste ich ihn jahrelang. Aber mit der Zeit konnte ich ihn verstehen. Denn ein leidenschaftliches Drama mag beflügeln, auf Dauer raubt es einem jegliche Energie.

Und jetzt das! Mindestens zehn Jahre hatten wir uns nicht gesehen. Als ich in seine grünbraunen Augen sah, war die alte Vertrautheit wieder da. Panik stieg in mir auf, und ich stotterte: »Ja, hallo! Leider habe ich keine Zeit zum Reden, mein Mann und ich haben Gäste, und ich muss einkaufen, und es ist so heiß, total mühsam, also bis bald einmal. Tschüss!« Und weg war ich. Ein völlig kindischer Abgang, das war mir klar.

Ich steuerte die hinterste Ecke der Gemüseabteilung an und verschanzte mich hinter einem Berg von Wassermelonen. Mit missionarischem Eifer begann ich, eine Melone nach der anderen auf ihren Reifegrad zu prüfen. Ich muss so exzessiv an ihnen herumgedrückt haben, dass sich eine Angestellte neben mir aufpflanzte und giftig bemerkte: »Die sind im Fall alle reif.« Ich nickte zustimmend, griff nach der größten Frucht, legte sie in meinen Einkaufswagen und blieb stehen. »Brauchen Sie sonst noch etwas?«, fragte die Frau. Ich nickte, griff nach dem Nüsslisalat und schmiss drei Handvoll in einen Beutel. Beim Wägen ließ ich mir so viel Zeit, dass die Frau mich bald unverhohlen misstrauisch musterte. »Die hält mich sicher für einen Psycho«, schoss es mir durch den Kopf, und dieser Gedanke ließ mich unvermittelt kichern. Ich schmetterte ein lautes »Auf Wiedersehen!« in ihre Richtung und schob meinen Wagen in Zeitlupe weiter.

Doch mein Ex hatte es anscheinend auch nicht eilig. Langsamen Schrittes bewegte er sich auf die Fleischabteilung zu und zog dabei eine Einkaufstasche auf Rollen hinter sich her, kariert, Marke Grosi. Ich beobachtete ihn aus sicherer Entfernung. War er eigentlich schon immer so klein gewesen? Ich hatte ihn groß und stattlich in Erinnerung. Seine Jeans waren zerschlissen und viel zu hoch gegürtet. Der Gang war leicht gebeugt, das Haar am Hinterkopf schütter. Wo sind die wunderschönen Locken geblieben, die ich so gern verwuschelt hatte? Wo war der leidenschaftliche, charmante Intellektuelle geblieben, der mein Herz damals im Sturm erobert hatte? Der wunderbare Typ, mit dem ich die Welt entdecken, gemeinsam ein Buch schreiben und ein Kind zeugen wollte? Vor mir stand ein Mann, der seine besten Jahre offensichtlich schon hinter sich hatte.

Trotz der Kühle durchfuhr es mich heiß. Irgendwie hatte ich gedacht, dass wir immer jung bleiben würden, und mir wurde plötzlich meine eigene Vergänglichkeit bewusst. Was gab ich wohl selber für ein Bild ab? Ich war heute definitiv nicht in Topform. Verschwitzt, mit verwaschenen Jeans und Schlabber-T-Shirt und einigen Kilos mehr auf den Hüften als damals. Nicht mehr die attraktive Dreißigjährige, in die er sich einst verliebt hatte. Hoffentlich fokussierte er seinen Blick nicht auch sofort auf meine Schwächen wie ich meinen auf seine. »Mist!«, dachte ich. Wenn einem die Vergangenheit begegnet, möchte man sich doch im besten Licht zeigen! Oder zumindest frisch geduscht, geföhnt und geschminkt. Wie oft hatte ich überlegt, wie es wäre, wenn wir uns zufällig einmal treffen würden! Natürlich hätte ich dann super ausgesehen und gestrahlt vor Lebensglück.

Schnell bog ich zur Kasse ab, wo eine lange Schlange stand. Ich war erleichtert, aber auch ein bisschen wehmütig. Würden wir beide einen Rollator vor uns herschieben, wenn wir uns das nächste Mal sahen? Ich zahlte und schleppte meine Einkäufe Richtung Ausgang. Das grelle Sonnenlicht blendete mich. Da sagte plötzlich eine wohlbekannte Stimme: »Hallo, Silvia, du warst vorhin so schnell weg. Darf ich dich zu einem Kaffee einladen?« Mein Herz setzte für einen Schlag aus. Da stand er, groß und stattlich mit gelocktem Haar, und wenn da nicht sein Einkaufsrolli gewesen wäre, hätte die Fata Morgana vermutlich noch etwas länger angedauert. »Gern«, hörte ich mich zu dem Mann mit dem schütteren grauen Haar und dem charmanten Lächeln sagen, »ein Kaffee wäre nett.« Ich meinte es ehrlich. »Das freut mich«, sagte er, »darf ich deine Tasche tragen?«

Wir landeten in einem kleinen Café unter einem riesigen, hässlichen Sonnenschirm. Ich war froh über den Schattenspender – bei gleißendem Sonnenlicht wären meine Schwachstellen noch stärker zutage getreten. Auf das bestellte Bier mussten wir lange warten, zu lange für meinen Geschmack, fühlte ich mich doch noch immer ziemlich nervös. Nach so langer Zeit und bei gefühlten vierzig Grad mit einem ehemaligen Liebhaber an einem kleinen, wackligen Gartentisch zu sitzen, war eine echte Herausforderung. Auch mein Ex schien sich in dieser plötzlichen Intimität nicht wirklich wohlzufühlen. Schweißtropfen perlten unablässig von seiner Stirn, und sein Gesicht hatte eine etwas unnatürliche rosa Färbung angenommen. Ich zwang mich, meiner Stimme einen unbefangenen Ton zu verleihen, als ich ihn fröhlich fragte: »Und, wie läuft es so bei dir?«

Fast atemlos begann er zu erzählen, von seinem »anstrengenden Job«, seiner »langjährigen Ehe«, den zwei »gefreuten Buben«. Ich hörte gar nicht richtig zu. Vor meinem inneren Auge spielte sich ein nicht ganz jugendfreier Film ab: Ich sah uns, jung und unbeschwert, in inniger Umarmung heiße Küsse austauschend, glühend voller Leidenschaft. Fast fühlte ich mich ertappt, als er mich nach einer Weile nach meinem Leben fragte. Natürlich hatte ich auch einiges zu erzählen, man kann schließlich viel über allgemeine Schauplätze reden. Irgendwann dann war das Bier ausgetrunken, die Themen Beruf, Familie und Ferien ausgeschöpft, die Sonne hinter den Dächern verschwunden. Er klaubte aus seiner Hosentasche ein reichlich zerschlissenes Portemonnaie heraus. Ich erkannte es auf Anhieb. Ich hatte es ihm vor Jahren zum Geburtstag geschenkt. In mir wallte Rührung auf. Zwischen den Münzen klaubte er ein kleines, silbernes Medaillon heraus. Auch ein Geschenk von mir. »Diesen Glücksbringer von dir trage ich immer bei mir«, sagte er leise.

Unser Abschied fiel herzlich aus, irgendwie fühlte ich mich mit dem Schicksal versöhnt, der Groll über das unrühmliche Ende einer Liebesgeschichte hatte sich in Luft aufgelöst. Manchmal geht es eben länger bis zum Happy End.

»Am liebsten möchte ich, dass alles bleibt, wie es ist«

Die Realistin – autonom und körperbewusst: Corinne Denzler, 50, Hoteldirektorin

Gradlinig und zupackend wirkt die Hotelmanagerin mit dem dunkelbraunen Kurzhaarschnitt. Corinne Denzler trägt zum schmal geschnittenen Jupe ein buntes Shirt und strahlt eine professionelle Herzlichkeit aus, die eine gewisse Distanz vermittelt. Schon früh im Gespräch macht sie klar: »Zu viel Privates möchte ich nicht preisgeben.« Das hat sicher mit ihrer beruflichen Position zu tun, die in der Schweiz ihresgleichen sucht. Als Direktorin der Tschuggen Hotel Group ist sie verantwortlich für fünf Hotels, darunter drei Häuser der Luxusklasse; sie ist damit die einzige Frau in der Schweizer Hotelbranche, die eine derart verantwortungsvolle Position bekleidet.

»Die Arbeit in dieser Männerdomäne hat mich ziemlich tough gemacht«, erzählt sie. Nach einer KV-Lehre – »man kann auch ohne akademischen Hintergrund Karriere machen!« – war Corinne Denzler unter anderem Leiterin der Davoser Skischule, Mitinhaberin eines Restaurants und Spa-Direktorin. »Ich musste immer mehr leisten als andere, mehr Härte zeigen und habe in früheren Jahren auch mal geellbögelt«, sagt sie. Eigentlich sympathisch, denn wer gibt schon offen zu, nicht immer in harmonischer Mission unterwegs gewesen zu sein? »Männer, die mich nicht mögen, sagen, ich hätte Haare auf den Zähnen. Die anderen bezeichnen mich als dynamisch«, lacht sie.

Dieses Jahr wird Corinne Denzler fünfzig. Ist das für sie ein Meilenstein? »Ich finde es schrecklich«, sagt sie und verdreht die Augen. »Fünfzig ist ein Wendepunkt. Jetzt bin ich definitiv nicht mehr jung.« Und um dies zu unterstreichen, erzählt sie von einem Ferienerlebnis: »Wir waren kürzlich in der Karibik, und die Hotelangestellten sprachen mich ständig mit Madame an.« Das sei ihr vorher nie passiert. »Ich bin jetzt keine Miss mehr, keine Signorina, sondern eine gestandene Madame, das hat mich echt deprimiert.«

Eine klassische Madame ist Corinne Denzler nicht; sie ist eher der Kumpel, mit dem man Pferde stehlen oder die Welt bereisen möchte. Und mit ihrem Lebensgefährten ist sie tatsächlich viel unterwegs. Für seinen neuesten Plan kann sie sich allerdings nicht begeistern, denn er möchte mit dem Segelschiff um die Welt. »Das ist gar nichts für mich. Ich bin noch nicht an dem Punkt angelangt, an dem Aussteigen für mich ein Thema wäre. Und ob dieser Moment überhaupt einmal kommt, weiß ich nicht«, erklärt sie. Corinne Denzler kann Grenzen setzen. Auch privat. Bei aller Liebe. »Für mich ist es wichtig, auch in der Partnerschaft eine gewisse Unabhängigkeit zu behalten.« Das habe sie schon früh gelernt. »Eine Frau muss finanziell autonom sein.«

Momentan wäre es ihr am liebsten, wenn alles so bliebe, wie es ist. Sie weiß aber, dass sich die Dinge schnell ändern können, beruflich und privat. Darum schätzt sie ihr jetziges Leben sehr. »Es ist mir bewusst, wie privilegiert ich bin«, sagt sie, »und gleichzeitig bin ich eine totale Realistin: Vor einem Monat habe ich mein Testament gemacht und quasi meine eigene Beerdigung organisiert.« Ist das Thema Tod so gegenwärtig für sie? »Ja, in letzter Zeit habe ich viel Leid in meinem Umfeld erlebt. Ein guter Freund hat sich das Leben genommen, und eine gute Freundin ist sehr schwer erkrankt. Das führt dazu, dass ich mir viele Gedanken ums Älterwerden mache. Ich frage mich: Mit wem bin ich dann zusammen? Muss ich in ein Heim? Lebe ich in einer Alters-WG? Bin ich dann noch gesund oder auf die Hilfe anderer angewiesen?« Corinne Denzler ist kinderlos. »Bis 35 wollte ich keine Kinder. Später wurde bei mir Gebärmutterhalskrebs diagnostiziert. So hat sich das Ganze von allein erledigt«, sagt sie. In ihrer Stimme schwingt eine leise Wehmut mit, und man erahnt hinter der selbstbewussten Oberfläche ihre verletzliche Seite.

Für ihren Partner will sie attraktiv und sexy bleiben, das ist ihr wichtig. Lachend erzählt sie, dass sie ihn einmal gefragt habe, wie schwer sie eigentlich werden dürfe, bevor er sie verlasse. »Es liegen noch ein paar Kilo drin«, habe er geantwortet. Für sich selber hat sie aber eine Grenze festgelegt: »Bis sechzig will ich Größe 40 halten. Bis siebzig Größe 42.« Da sie gern isst und trinkt, bedeutet das, regelmäßig Sport zu treiben, was sie am liebsten in der freien Natur macht. »Seit ich wieder angefangen habe, mich zu bewegen, fühle ich mich viel wohler in meiner Haut.« Sie sei nicht so der Yoga-Typ. »Wichtig ist für mich, dass ich beim Sport so richtig schwitze, dann kommt alles Schlechte raus.«

Wäre sie zur Erhaltung des guten Aussehens auch zu Eingriffen bereit? »Schönheits-OPs sind für mich kein Thema«, sagt sie. »Ich bin überzeugt, dass viele Frauen, die sich Fett absaugen oder die Brüste vergrößern lassen, tiefer liegende Probleme haben.« Allerdings maße sie sich kein Urteil über andere an. »Jede muss selber wissen, was für sie gut ist.« Die Beachtung, die sie ihrem Äußeren schenkt, hat in den letzten Jahren aber zugenommen. »Ich brauche mehr Zeit, um mit dem Resultat zufrieden zu sein. Ohne ein leichtes Make-up gehe ich nicht aus dem Haus, und ohne mein Schminktäschchen krieg ich die Krise.«

Wenn sich Corinne Denzler etwas Gutes tun will, gönnt sie sich eine Massage oder lässt sich für einen besonderen Anlass auch mal professionell schminken. Ihre inzwischen ergrauten Haare bekommt allerdings niemand zu Gesicht. »Selbstverständlich werden die gefärbt! Vielleicht bin ich jetzt eine Madame, eine Oma bin ich noch lange nicht!«

Haare wie Angie

Haare haben mich schon immer fasziniert. Ich kann stundenlang über Farbe, Form und neue Schnitte referieren. Erklären,
wie seidig blonde Haare zu einem perfekten Pferdeschwanz
gebunden werden, ob man wirklich Jean Sebergs Ultrakurz-
Frisur kopieren sollte und wie man mit einer lockigen Mähne
die Männer um den Verstand bringen kann. Ich muss in einem
meiner früheren Leben eine Haarstylistin gewesen sein. Mein
Umfeld kann meine Begeisterung – manche sagen sogar Be-
sessenheit – nur zum Teil nachvollziehen. Ich denke, sie ist
genetisch bedingt. Meine Mutter war, was ihre Haare und die
ihrer Familie betraf, ziemlich obsessiv. Ihr Lieblingsspruch
lautete: »Die Haare einer Frau sind ihr schönster Schmuck«,
auch wenn sie selber sich ein Leben lang an Maggie Thatcher
orientierte.

Wir zwei Töchter bekamen dagegen die ganze Kreativität
von Mama zu spüren. Während sie meiner Schwester Jeannette
die dichten, dunklen Haare gern zu Affenschaukeln flocht, war
ich mit meinen blonden Flusenlöckchen etwas schwieriger zu
stylen. Doch dank Kamm, Rundbürste, Lockeneisen, Föhn,
zahlreichen Haarspangen und -bändern zauberte sie mir jeden

Tag eine andere Frisur. Sehr zum Vergnügen meiner Schulkollegen, die sich über die ständig wechselnde Haarpracht lustig machten. Ich überhörte solche Neckereien und widmete mich meinen Puppen, die ich mit fantasievollen Frisuren leidenschaftlich verschönerte. Während meiner Teeniezeit war ich dann die Erste, die sich eine Dauerwelle legen ließ und die Haare karottenrot färbte.

Einige Jahrzehnte später gehöre ich nun zu den geschätzten fünfzehn Frauen in der Schweiz (neben den Profis natürlich), die den Unterschied zwischen »ombre« und »brond«, einer Mischung aus blond und braun, kennen; ich weiß, wie man Spliss mit einer brennenden Kerze den Garaus macht, und habe eine gute Nase für wirklich tolle Coiffeure. In meinem Blog »Von Kopf bis Fuß«, der in der Online-Ausgabe des »Tages-Anzeigers« erscheint, schreibe ich regelmäßig über Haartrends. Und für meine Arbeit als Chefredaktorin des Lifestyle-Magazins »Encore!« studiere ich die Frisuren der Hollywood-Stars; gerade habe ich den gewellten »Long Bob« der Schauspielerin Sienna Miller zu meinem Favoriten erkoren. Doch jetzt kommen wir zum schwierigen Teil der Geschichte.

Seit über zwanzig Jahren versuche ich erfolglos, meine Haare schulterlang wachsen zu lassen. Ich schaffe es höchstens bis zum Kinn. Denn sobald mir morgens nach dem Aufstehen im Spiegel Angela Merkel entgegenblickt, weiß ich, dass die biedere Matte abmuss. Sind die Haare dann wieder kurz, beginne ich erneut von einer seidigen Mähne zu träumen, die wie ein Wasserfall über meine Schultern hinabwallt. Sisyphus lässt grüßen. Ich weine dann einige bittere Tränen über meine mangelnde Willenskraft und nehme mir vor, es beim nächsten Mal aber wirklich über die verhasste Merkel-Phase hinweg zu schaffen. Mein Liebster sagt, dass ich mit meinen Haaren immer unzufriedener bin, je älter ich werde. Damit hat er nicht ganz unrecht, verspüre ich doch zunehmend gewisse Ängste, wenn es um dieses Thema geht.

Werde ich später überhaupt noch die Haarqualität und Haarfülle besitzen, um meine Haare lang zu tragen? Es ist ja erwiesen, dass Frauen in den Wechseljahren oft unter Haarausfall leiden. Werden lange Haare an mir überhaupt noch gut aussehen? Oder mache ich mich lächerlich, weil ich alten Selbstbildern nachhänge, die längst überholt sind? Wer hat schon Lust, als Kopie der alternden Brigitte Bardot herumzulaufen? Mit zunehmendem Alter sollte man doch nicht mehr so eitel sein, hört man oft, und ältere Frauen mit langen Haaren machten nur »auf jung«, weil sie nicht akzeptieren könnten, dass die Jugend definitiv vorbei sei.

Mit dreißig hatte ich schon einmal lange Locken, auf die ich sehr stolz war. Ich arbeitete damals fürs Schweizer Fernsehen als Moderatorin, und einer der Stylisten, die für unser Erscheinungsbild zuständig waren, fand, dass für meinen Job meine Walla-Walla-Mähne »zu wenig seriös« wirke. Ich wehrte mich nicht, als er die Schere ansetzte. Als junge Journalistin war ich es nicht gewohnt, einem Profi zu widersprechen. Und – schnipp, schnapp – bekam ich einen braven, kinnlangen Bob, der mithilfe heißer Lockenwickler zu einer Marilyn-Monroe-Gedächtnisfrisur getrimmt wurde. Aus mir war innert zwei Stunden ein völlig neuer Typ geworden. Zusammen mit einem auffälligen Make-up, den breitschultrigen, grellen Blazern, den bunten Leggings und den hohen Hacken, die damals in Mode waren, sah ich ein bisschen aus wie Sue Ellen aus der TV-Serie »Dallas«. Ein modischer Fauxpas, den mir mein Liebster noch heute immer wieder gern in Erinnerung ruft. Er hält mir dann meine damaligen Autogrammkarten unter die Nase und spottet liebevoll über meinen »Transen-Look« aus den Anfängen der 1990er-Jahre.

Im Gegensatz zu anderen Männern ist er allerdings, was meine Haare betrifft, äußerst tolerant. Er hat noch nie gesagt (aber vielleicht gedacht?): »Als langhaarige Blondine würdest du mir besser gefallen.« Im Gegenteil sagt er, für ihn komme es auf andere Dinge an. Leider weiß ich nicht so recht, was er damit meint. Spielt er auf meine inneren Werte oder auf meine äußeren Vorzüge an? Aber ich wage nie zu fragen, weil ich die Antwort ein bisschen scheue. Wenn er beispielsweise sagen würde: »Mir ist eine durchtrainierte Figur wichtig«, käme ich unter Zugzwang und müsste statt einmal pro Schaltjahr vielleicht zweimal pro Woche ins Training gehen. Außerdem tönen Aussagen wie »Es gibt Wichtigeres als …« immer ein bisschen nach: »Du hast zwar einen guten Charakter, aber das macht deinen dicken Hintern nicht wett.«

Aber zurück zu den Haaren: Sie sind momentan in meinem Freundinnenkreis ein Riesenthema, seit Betty beschlossen hat, ihre grauen Haare nicht mehr zu färben und das Braun herauswachsen zu lassen. Wir kannten sie seit dreißig Jahren als langhaarige Brünette. Jetzt wird der Haaransatz von Woche zu Woche grauer und vor allem breiter. Das Schlimmste, sagt sie, die bis vor ein paar Monaten alle zweieinhalb Wochen zum Färben ging, damit sie eben *keinen* Ansatz hatte; also das Schlimmste sei, dass es eine buchstäblich grauenvolle Zeit sei. Zum Beispiel, wenn Freundinnen ihr zuflüsterten: »Du solltest wieder mal zum Nachfärben.« Aber sie halte durch, sie sei wild entschlossen, und sobald die ersten circa fünf Zentimeter rausgewachsen seien, werde ihr Coiffeur versuchen, die noch gefärbten Haare mittels Mèches und einer Tönung ihrem Naturhaar anzupassen. Die Haare abschneiden, das wollte sie partout nicht, das wäre ihr dann zu viel der Veränderung gewesen. »Nur weil ich meine Haare nicht mehr färben will, muss ich sie ja nicht gleich abschneiden«, meinte sie zu Recht. Ich war anfänglich eher skeptisch, ob das Experiment ihrem Aussehen guttun würde, aber – ich habe sie kürzlich gesehen und war begeistert – Bettys Coiffeur hat es geschafft, die unteren Haare den oberen farblich anzupassen, und Grau steht ihr wirklich gut. Sie selbst meinte dazu: »Das Durchhalten hat sich gelohnt, ich fühle mich nicht – wie von meinen Freundinnen prognostiziert – zehn Jahre älter, sondern einfach gut.«

Betty hätte mit 25 nie den Mut gehabt, sich über die Meinung anderer hinwegzusetzen. »Damals war es mir sehr wichtig, was die anderen von mir dachten«, sagt sie. »Heute, mit fünfzig, genieße ich es, meinen eigenen Geschmack zu pflegen, und freue mich vor allem auch darüber, dass mich mein Mann in meinem Vorhaben so unterstützt hat.« Ganz so weit bin ich in Bezug auf meine Haare leider noch nicht. Als meine Schwester letztes Jahr bemerkte: »Du hast eine Frisur wie Angela Merkel« – sie hatte die Ähnlichkeit also auch bemerkt –, da wusste ich, dass es wieder einmal Zeit für einen radikalen Schnitt war. Die Haare wurden raspelkurz.

Seither sind einige Schnitte ins Land gegangen, und während ich diese Zeilen schreibe, wächst mein Haar schon wieder vor sich hin. Spätestens zu meiner Hochzeit im Sommer 2016 soll es schulterlang sein.

»Sport nimmt mir die Angst vor dem Sterben«

Die Zielstrebige – stilsicher und selbstbewusst: Renata Libal, 54, Journalistin

Das Erste, was an Renata Libal auffällt, sind ihre klaren, kornblumenblauen Augen. Sie bilden einen schönen Kontrast zu ihren mittellangen braunen Haaren und ihrem dunklen Teint. Aber auch sonst ist die gebürtige Tschechin, die als Kind mit ihren Eltern in die Schweiz geflohen war, eine auffällige Erscheinung. Betritt sie einen Raum, schauen sich die Leute um. Die lässig gekleidete, große, schlanke Frau strahlt eine unbestimmte Unnahbarkeit aus, die anziehend wirkt. »Und dann rede ich auch noch so laut«, sagt sie mit charmantem französischem Akzent und lacht herzhaft. »Mich kann man nicht überhören!«

Meine Co-Chefredaktorin des Schweizer Lifestyle-Magazins »Encore!« spricht Französisch, Deutsch und Tschechisch. Sie wohnt mit ihrem Mann, ebenfalls Journalist, und den beiden erwachsenen Kindern in Lausanne. Ihr Beruf bringt es mit sich, dass sie fast täglich von attraktiven jungen Menschen umgeben ist. Bereitet ihr das Probleme? »Ich weiß, dass ich älter bin als die meisten, aber ich kann mich ja noch ganz gut aufrecht halten«, sagt sie mit unüberhörbarer Ironie. Aber natürlich müsse sie auf ihr Aussehen achten. »Ich kleide mich sorgfältig und gehe nicht ungeschminkt aus dem Haus. Für mich ist dies eine Höflichkeit meiner Umwelt gegenüber. Das Gleiche erwarte ich von anderen.«

Renata Libal umgibt sich gern mit schönen Dingen. »Schon als Literaturstudentin mit wenig Geld hatte ich Freude an Markenartikeln und schönen Schuhen. Vielleicht ist das ein bisschen oberflächlich, aber auch die Oberfläche hat im Leben ihren Stellenwert«, sagt sie. So selbstbewusst war Renata Libal nicht immer. Lange fühlte sie sich unsicher wegen ihrer Figur. »Ich wuchs in einer Zeit auf, in der Dünnsein als erstrebenswert galt; ich aber war eine ›Marilyn‹, hatte einfach zu viele Kurven. Dabei wollte ich nichts lieber sein als ein schlaksiges Girl.« Renata hatte ein Problem, das viele Mädchen und Frauen kennen: »Die Männer, denen ich gefiel, mochte ich nicht, und die coolen Rock-’n’-Roll-Boys wollten nichts von mir wissen.« Vor allem ihre Oberweite machte ihr zu schaffen. »Es gab damals einfach keine schönen BHs für Frauen mit großem Busen.« Das änderte sich erst, als Renata in ihren Dreißigern war. »Mit dem Aufkommen von Silikonbrüsten gab es endlich auch tolle BH-Modelle. Das war ganz wichtig für mich«, erinnert sich Renata, »plötzlich konnte ich verführerische Dessous tragen. Das hat mein Selbstbewusstsein als Frau gestärkt.« Ebenso gutgetan hat ihr die Brustverkleinerung, die sie mit 42 machen ließ. »Endlich fühlte ich mich freier. Auch beim Sport störte mich meine Oberweite nicht mehr.« Und Sport ist Renata sehr wichtig.

»Ich habe immer gewusst, dass ich und körperliche Ertüchtigung zusammengehören«, sagt sie. »Die Frage war für mich

darum nie, ob ich etwas machen will, sondern immer nur, was.«
Natürlich hat ihre Sportleidenschaft auch mit der Familie zu
tun. Der Vater war Ruderer und hatte zweimal an Olympischen
Spielen teilgenommen. Ihre Liebe zum Wettkampf entdeckte
Renata aber erst nach den Teenagerjahren. »Vorher waren Wett-
bewerbe und Disziplin ein Graus für mich.« Heute schwimmt
und rudert sie, macht Spinning und fährt Ski. Und seit neues-
tem läuft sie auch Halbmarathons. Leistung ist ihr wichtig,
denn »Yoga kann ich noch mit hundert machen«. Renata ver-
mutet, dass der regelmäßige Sport auch ein Grund dafür ist,
dass sie nie eine Midlife-Crisis hatte: »Ich beweise mir so immer wieder, dass ich die Ziele, die ich mir stecke, noch erreichen kann. Schließlich ist das Leben nicht vorbei, wenn man
eine Frau mittleren Alters ist.«

Renata Libal ist nicht nur im Sport sehr ehrgeizig. »Ich frage mich in allen Lebensbereichen, ob ich wirklich mein Bes-
tes gegeben habe.« Ist das auf Dauer nicht furchtbar anstrengend? »Ich bin in vielen Dingen extrem. Ich mag Sport, der
alles von mir fordert. Vielleicht auch, weil ich mich dabei sehr
lebendig fühle und weil mir das die Angst vor dem Sterben
nimmt. Sport zeigt mir, dass mit meinem Körper noch alles
in Ordnung ist.« Dass sich mit Fitness nicht alles unter Kon-
trolle bringen lässt, ist ihr klar. »Aber was ich dazu beitra-
gen kann, gesund zu bleiben, das tue ich. Außerdem esse und
trinke ich sehr gern. Da tut der körperliche Ausgleich gut.« Renata ist in der Tat keine Kostverächterin. Bei einem gemeinsamen Nachtessen greift sie kräftig zu und genießt auch den
Rotwein. Ist der Sport also auch wichtig, damit sie ihre gute
Figur behält? Sie winkt ab. »Die Ästhetik ist in diesem Fall
zweitrangig.«

Wenn Renata spricht, steht plötzlich viel Energie im Raum. »Ich umgebe mich gern mit antriebsstarken Menschen, bin mir aber auch durchaus bewusst, dass ich mich manchmal bremsen muss, um andere nicht zu überfahren.« Auch wenn sie ihre Ansichten unmissverständlich äußert und dabei streng schaut, strahlt sie Wärme aus. Nach ihren Schönheitsvorbildern gefragt, überlegt sie nicht lange. »Mir gefallen körperbewusste Frauen wie Charlène von Monaco. Sie ist eine gesunde Schönheit. Und auch die italienischen Stars der 1960er-Jahre – wie Anna Magnani und Sophia Loren – gefallen mir, sie strahlen eine solche Lebendigkeit und Stärke aus. Die jungen Models sind doch einfach auswechselbar.« Was ihren Kleidungsstil betrifft, so liebt sie es klassisch, gern kombiniert mit einem extravaganten Schmuckstück. Und ja, High Heels müssen natürlich sein. Die hohen Hacken hindern sie nicht daran, immer in Bewegung zu sein. »Ich reise sehr viel und habe auch im Ausland gelebt«, erzählt sie, »unter anderem zwei Jahre in Vietnam.« Neben den grazilen Vietnamesinnen sei sie sich allerdings vorgekommen »wie ein riesiger Tintenfisch«.

Welches Ideal schwebt ihr für später vor? »Ich will nicht großmütterlich wirken. Aus mir wird hoffentlich nie eine alte Glucke«, sagt sie ernst, und man glaubt ihr das. Großmütterliche Weichheit und Renata passen nicht zusammen. Hat sie Angst vor dem Älterwerden? Renata schüttelt energisch den Kopf. »Damit habe ich keine Mühe. Ich habe viele Freunde, die zusammen mit mir älter geworden sind. Das hilft mir.« Hat sie einen Wunsch für die Zukunft? Renata muss nicht lange überlegen. »Gesundheit. Und, ja, einen Marathon möchte ich auch noch laufen.«

Schrecklich perfekte Frauen

Ich war siebzehn Jahre alt und versteckte mich. Die gleißende Juli-Mittagssonne brannte unbarmherzig auf Mensch, Natur und Tiere nieder. Ich hatte mich in den kleinen Bungalow verzogen – mein Domizil, das ich für die nächsten vierzehn Tage mit einer befreundeten Familie teilen würde. Diese hatte mich eingeladen, die Ferien mit ihnen zu verbringen. Ich war das erste Mal ohne Eltern im Ausland, auf dem Campingplatz La Chiappa, einem FKK-Feriendorf im Südosten Korsikas.

Barbara, Felix und ihre Tochter Désirée, die drei Jahre jünger war als ich, wollten sofort losziehen ans Wasser, während ich noch unschlüssig auf meinem Bett saß und an den Nägeln kaute. Unverkrampft entledigten sich die drei ihrer Kleidung und marschierten ausgelassen, mit einem Badetuch über der Schulter, Richtung Pool. »Bis gleich!«, riefen sie mir zu. Ich fühlte leichte Panik in mir aufsteigen. Musste ich ihnen jetzt wirklich »füdliblutt« folgen?

Es war nicht Scham, was mich zögern ließ, es war mein Körpergefühl. Ich fand mich dick und hässlich. Bei einem normalen Badeurlaub hätte ich die Möglichkeit gehabt, ein Shirt über den Bikini zu ziehen, aber hier liefen alle nackt herum. Irgendwie hatte ich mir zu wenig überlegt, was es bedeutete, Ferien an einem FKK-Strand zu machen. Zähneknirschend zog ich Shorts, T-Shirt und Unterwäsche aus und folgte den anderen zum Pool. Zu meiner Überraschung schaute mich niemand schief an. Felix nickte sogar anerkennend und sagte: »Nettes Figürchen«, worauf ich rot anlief und mich mit einem Kopfsprung ins Wasser rettete.

Die Ferien verliefen nicht so schlimm, wie ich es an diesem Tag befürchtet hatte, und ich gewöhnte mich an die Nacktheit der anderen. An meine eigene nicht. Um mich wenigstens ein bisschen zu bedecken, trug ich bei jeder Gelegenheit meinen roten Baumwollkimono. Und so gibt es Fotos, auf denen man sieht, wie ich mit einem Dutzend Nackter zusammen Volleyball spiele – und dabei wie eine reife Tomate aus der Menge herausleuchte.

Désirée hatte keinerlei Mühe mit ihrer Nacktheit. Überhaupt war sie das Selbstbewusstsein in Person. Für ihre Eltern war sie die schönste, begabteste und tollste Tochter auf Erden. Sie hatte langes braunes Haar, leuchtend blaue Augen, eine zierliche Statur und bewegte sich mit einer Anmut, die von jahrelangem Balletttraining zeugte. Ich dagegen fühlte mich wie ein Walross, schwerfällig und fett. Natürlich hasste ich sie aus dem tiefsten Herzen einer neidischen Siebzehnjährigen. Insgeheim nannte ich uns beide »Dick und Doof«.

Wenn ich heute die Bilder von damals anschaue, werde ich immer ein bisschen traurig. Ja, Désirée war wirklich wunderhübsch, aber ich war es auch. Ich sehe eine braun gebrannte junge Frau mit einem wirklich sehr netten Figürchen. Hoch aufgeschossen, mit knospenden Brüsten und langem blondem Haar. Leider hatte ich keine Ahnung, wie schön ich war, und ich wünschte mir, ich hätte damals mehr Selbstbewusstsein besessen. (Am liebsten wäre mir aber natürlich meine Figur von früher, kombiniert mit der Erfahrung von heute. Träumen darf man ja.)

Als junge Frau war ich nur allzu oft der Kritik meiner Eltern ausgesetzt. Egal, ob es die Schule, das Auftreten oder mein Aussehen betraf. Ich genügte selten. Und auch von anderer Seite bekam ich keine Unterstützung. Es gab keinen Schatz, der mein Selbstbewusstsein gestärkt hätte, und die Freundinnen hatten genug mit sich selber zu tun. Eine meiner masochistischen Lieblingsbeschäftigungen war es, mich mit anderen Mädchen zu vergleichen. Und es gab immer eine, die dünner, schöner und beliebter war als ich. So wie Désirée, die in den gemeinsamen Ferien jeden Abend mit einem anderen jungen Mann in der Disco tanzte, während ich mit Barbara und Felix am Tisch zurückblieb und einsam an meiner Cola nippte.

Vieles hat sich in der Zwischenzeit geändert, wenn auch nicht alles. Zwar gibt es noch immer Dünnere, Schönere, Beliebtere, doch im Gegensatz zu früher kratzt mich das meistens nicht mehr. Gelegentlich höre ich sie aber noch, diese Stimme, die mir ins Ohr flüstert: »Alle anderen sind viel toller als du!« In der heutigen Zeit, wo permanente Selbstoptimierung erwartet wird, fällt die Akzeptanz der eigenen Schwächen eben schwer. Zumal es auch heute Frauen gibt wie Désirée. Eine, nennen wir sie Susan, kenne ich seit Jahren. Wenn sie spricht, strahlt sie immer, natürlich mit perfekten, weiß polierten Zähnen. Anmutig wirft sie dabei ihre langen Haare zurück; natürlich sind diese naturblond, während meine ohne die Künste meines Coiffeurs mausblond wären. Susan redet gern und schnell, und jeden dritten Satz krönt sie mit einer Pointe. Habe ich eine begriffen, ist sie bereits bei der nächsten. Susan meistert die Schwierigkeiten des Alltags mit Bravour. Scheitern gibt es in ihrer Welt nicht. »Rückschläge sind immer Herausforderungen, etwas besser zu machen«, lautet ihre Devise.

Sie hat drei Kinder, zwei davon im Teenageralter, und arbeitet sechzig Prozent in einem kreativen Beruf. Ihr Mann ist viel auf Reisen, doch sie wuppt Kinder, Job und Freizeit mit links. Und das ohne Putzfrau oder sonstige Hilfe. Susan kocht bio, natürlich fleischlos, und hat durch die gesunde Ernährung und das wöchentliche Yoga eine erstklassige Figur. Ihre lässige Garderobe bestellt sie mit einem Mausklick, während ich auf der Suche nach einer Jeans stundenlang in der Stadt umherirre. Kürzlich sagte sie in einer lockeren Runde, sie überlege sich, in eine Partei einzutreten. Schließlich sei es eine gesellschaftliche Verpflichtung, auch auf dieser Ebene Einfluss zu nehmen. Sprachs und nippte an ihrem grünen Smoothie. Mein Brownie blieb mir fast im Hals stecken.

Susan ist das Ebenbild der perfekten Frau von heute: diszipliniert, effizient, engagiert und erfolgreich. Und natürlich ist sie auch eine gute Kollegin, großherzig und immer da, wenn man sie braucht. Und selbstverständlich hat sie immer einen Sack voll guter Ratschläge mit dabei. Nur klagen darf man bei ihr nicht, dann hört man ihren Lieblingsspruch: »Reiß dich am Riemen, meine Liebe!« In solchen Momenten fühle ich dann wieder mein altes Ich, die siebzehnjährige vermeintliche Versagerin, wobei es heute nicht mehr um das beneidenswert makellose Äußere der anderen geht. Ich will lediglich das Leben genauso perfekt meistern wie Susan.

Für mein Selbstbewusstsein ist diese Frau also Gift. Ich habe mir oft überlegt, ob es nicht besser wäre, einen Bogen um sie zu machen. Aber irgendwie mag ich sie, und ich weiß: Eine wie Susan wird es immer geben. Und so habe ich beschlossen, mich nicht mehr mit ihr zu vergleichen, sondern mir meiner eigenen Vorzüge bewusster zu werden. Wenn mir das gelingt, macht mich das glücklicher als Yoga, Bio-Food und Online-Shopping zusammen.

Vor kurzem rief Susan mich an. Sie liege mit einem Bandscheibenvorfall flach, klagte sie. Ein kleines bisschen tönte es auch panisch, und ich muss gestehen, dass kurz etwas Schadenfreude aufblitzte, sodass ich schon sagen wollte: »Reiß dich am Riemen, meine Liebe!« Doch mein Mitgefühl siegte. Ich versprach, zu ihr zu kommen und zu schauen, welche Hilfe sich organisieren ließ, damit sie den Alltag bewältigen konnte. Als ich den Hörer auflegen wollte, sagte Susan noch: »Ich danke dir von Herzen. Weißt du, ich bewundere dich immer für deine Ruhe und Gelassenheit. Du behältst auch in den chaotischsten Situationen den Überblick. Gegen dich benehme ich mich oft wie ein aufgescheuchtes Huhn.«

»Ich möchte als Cowgirl arbeiten«

Die Hoffnungsvolle – einmal die Träume leben: Ursi Grond-Morath, 55, Kindergärtnerin

Ihre grünen, mandelförmigen Augen und die hohen Wangenknochen geben der Kindergärtnerin ein leicht exotisches Aussehen, auf das die 55-Jährige oft angesprochen wird. »Die Leute sind dann erstaunt, wenn ich ihnen sage, dass ich keine ausländischen Wurzeln habe«, erzählt die alleinerziehende Mutter dreier inzwischen erwachsener Kinder. Und auch sonst ist Ursi eine eindrucksvolle Erscheinung. Sie ist groß und schlank, hat eine samtig dunkle Haut und einen speziellen Kleidungsstil, dem sie über die Jahre treu geblieben ist. »Ich liebe den Mix aus elegant und rockig, trage oft Jeans, zum Beispiel mit schönen Westernstiefeln. Nur Miniröcke ziehe ich nicht mehr an – höchstens mit blickdichten Strümpfen.«

Das jugendliche Aussehen führt die 55-Jährige auf »regelmäßige Bewegung, Pflege und gute Gene« zurück. So ist Ursi mehrmals täglich mit ihrer Pudeldame Niki draußen, geht zu Fuß zur Arbeit und macht zu Hause Gymnastik, um »beweglich und straff zu bleiben«. In Sachen Ernährung ist sie allerdings kein Vorbild. »Seit die Kinder aus dem Haus sind, esse ich nicht mehr regelmäßig. Mahlzeiten bestehen bei mir oft aus Schoggi und Brot.« Gemüse findet man bei ihr nur selten auf dem Teller. Früher habe sie für die Familie regelmäßig und gesund gekocht, »heute habe ich einfach keine Lust mehr dazu«, sagt sie. Figurprobleme kennt sie nicht wirklich. »Sind mal ein paar Kilos zu viel drauf, dann gibts halt ein bisschen weniger Schoggi. Wenn ein Ernährungsberater sehen würde, was ich esse, würde er garantiert die Hände über dem Kopf zusammenschlagen«, lacht Ursi, und ihre Augen werden zu kleinen Schlitzen.

Sie lacht überhaupt oft und gern. Und spricht man etwas länger mit ihr, spürt man eine große Wärme und Herzlichkeit. Ursi Grond ist keine Frau, die durch große Worte auffällt, sie wirkt auf eine gute Art und Weise bescheiden. Ihr Selbstbewusstsein sei erst in den letzten Jahren gewachsen, sagt sie. Heute sei sie nicht mehr so abhängig von der Meinung anderer. »Ich bin sicherer im Umgang mit Fremden und sage meine Meinung schneller und deutlicher als früher.«

Aber früher war vieles anders in ihrem Leben. Ihr Mann hatte sie verlassen, als die Kinder noch klein waren. »Plötzlich war er weg«, sagt Ursi, »und ich stand allein mit der riesigen Verantwortung da.« Hinzu kamen finanzielle Probleme. Ihr Exmann wollte am Anfang keine Alimente zahlen, und als Teilzeit-Kindergärtnerin verdiente sie gerade so viel, dass es für das Nötigste reichte. »Oft reichte auch meine Energie nicht dafür aus, mit meinen Kindern die Freizeit befriedigend zu gestalten. All die schönen Dinge, die ich im Kindergarten mit den anderen Kids machte – wie spazieren gehen, Kuchen backen oder basteln –, lagen mit meinen oft nicht drin.« Vor allem die erste Zeit sei sehr schwierig gewesen, erinnert sie sich, und ihre Augen füllen sich mit Tränen, die sie aber schnell hinunterschluckt.

Ihre drei Kinder hatte sie kurz hintereinander zur Welt gebracht. »Sie haben mein Leben sehr verändert«, sagt sie. Vor allem der dauernde Schlafmangel habe ihr zugesetzt. »In dieser Zeit veränderte sich auch vieles zwischen meinem Mann und mir, wir bekamen Probleme.« Doch statt miteinander zu reden, zog sich vor allem er in die eigene Welt zurück. »Alles war sehr kinderlastig, es blieb praktisch keine Zeit mehr für meine persönliche Entwicklung und für uns als Paar.« Das alles sei schleichend verlaufen, bis zum Knall, als ihr Mann plötzlich auszog.

In dieser Zeit war Margrit, die Mutter von Ursi, der Fels in der Brandung. »Sie war immer für mich und die Kinder da und half mir, wann immer nötig. Meine Mutter ist mein Vorbild«, sagt Ursi. Margrit Morath ist seit langem Witwe und weiß, wie es ist, ohne Mann eine Familie durchzubringen. Ursis Vater war früh an einem Herzinfarkt gestorben, und Margrit musste die Verantwortung für ihre beiden Töchter allein tragen. Heute wohnt die 82-Jährige in der Nähe von Ursi und ist noch immer völlig eigenständig. »Meine Mutter zeigt mir, wie man gut altert. Sie hält sich körperlich und geistig fit, fährt für die Spitex Mittagessen aus und spielt regelmäßig Bridge. Daneben erledigt sie die Buchhaltung des Coiffeursalons ihrer Enkelin«, sagt Ursi, die sicher ist, dass sie ohne Margrits Hilfe heute nicht da stünde, wo sie jetzt steht.

Ihre Mutter hat offensichtlich keine Mühe mit dem Älterwerden. Wie geht sie selbst mit diesem Thema um? »Ich sehe, dass ich innerlich ruhiger werde, gelassener, nicht mehr alles muss«, erzählt Ursi, »aber manchmal befällt mich die Angst vor Krankheit und Tod. Und davor, jemanden zu verlieren.« Und wie sieht es mit der Angst vor dem Verlust der Attraktivität aus? »Es ist schon schwierig, zu spüren, wie meine Energie abnimmt und der Körper sich verändert. Mein Bauch ist durch die Schwangerschaften ohnehin nicht mehr so straff, und meine Oberarme haben auch schon mal besser ausgesehen.« Wäre ein kosmetischer Eingriff eine Option für Ursi? »Falten dürfen schon sein«, sagt sie, »nur meine Hängebäckchen stressen mich. Botox käme für mich aber auf keinen Fall infrage; davor hätte ich Angst, weil das ein Nervengift ist. Über Hyaluron-Injektionen habe ich allerdings schon nachgedacht.« Benützt sie besondere Pflegemittel? »Ich nehme Produkte für die reife Haut. Obs aber nützt – keine Ahnung!«

Seit der Trennung von ihrem letzten Partner vor sieben Jahren ist Ursi Grond Single. Sie hatte danach zwar ein paar wenige Anläufe gemacht, einen Partner zu finden – auch in den sozialen Netzwerken –, die sind aber alle fehlgeschlagen. Mit Männern habe sie offensichtlich kein Glück, meint sie, »ich bin zu oft an den Falschen geraten«. Trotzdem hat sie die Hoffnung nicht aufgegeben, dass eine schöne Zweisamkeit auch für sie noch möglich ist. Ihrem Alter und ihrer Erfahrung entsprechend hat sie allerdings bestimmte Ansprüche. »Von meinem Partner erwarte ich, dass er mich akzeptiert, wie ich bin, mich nicht dauernd kritisiert oder gar verändern will.« Wertschätzung, Respekt und ein klares Sich-zueinander-Bekennen seien die Voraussetzungen, unter denen sie sich noch einmal auf eine Beziehung einlassen würde. Allerdings ist für sie ein Mann noch kein Garant für ein glückliches Leben. »Ich bin gern allein«, sagt sie, »und schätze die Freiheiten, die sich daraus ergeben.«

Momentan steht Ursi der Sinn nach Veränderung. Sie sehnt sich beruflich nach einem frischen Wind und überlegt sich auch, ihr Arbeitspensum etwas zu reduzieren, damit sie wieder mehr Zeit und Energie für ihre Hobbys hat. Zum Beispiel fürs Harley-Fahren – den Wunsch nach einem schweren Motorrad hat sie sich bereits erfüllt. Gern würde sie auch etwas ganz Neues wagen. »Irgendwie will ich einfach wissen, was das Leben für mich noch zu bieten hat!«

55 Jahre. Nicht alt, aber auch nicht mehr jung. Manchmal spürt Ursi das ganz deutlich, und dann tauchen Fragen auf wie: Was will, was kann und was darf ich noch? Nachdenklich fährt sie sich durch ihre braunen Haare, die sie vor einigen Monaten kurz schneiden ließ – »auch das eine Entscheidung, die zeigt, dass ich offen für Neues bin«.

Wünsche hat sie noch genug, und sie hofft, dass sie den Mut findet, eingefahrene Bahnen zu verlassen. »Ich möchte mehr von der Welt sehen und neue Menschen kennen lernen.« Gern würde die Pferdeliebhaberin auch einmal in Kanada oder den USA als Cowgirl arbeiten. »Ich hatte immer eine abenteuerliche Seite in mir, aber früher glaubte ich zu wenig an mich, und ich hatte auch zu wenig Zeit, um diese Seite auszuleben. Es würde mir guttun, mehr unter Menschen zu gehen, ich neige dazu, mich zu verkriechen.«

Ihre Kinder glücklich zu sehen, ist für Ursi das Schönste, was sie sich vorstellen kann. Und dann gibt es noch etwas, über das sie sich sehr freuen würde: »Großmutter zu werden. Das fände ich toll!«

Auf der Suche nach meinem persönlichen Stil

Ich bin fünf Jahre alt. Mein Stil: Mama hat das Sagen

Meine Mutter hat ein ausgesprochenes Faible für kleine Kragen in allen Varianten. Sie findet, ihre Tochter sehe damit besonders adrett aus. Runde, mit Spitzen oder Rüschen besetzte Krägelchen schmücken viele meiner Kleider und werden nachträglich von einer Schneiderin auch an Pullover und Jacken genäht. Im Kindergarten nennen mich die anderen deswegen »Kragenbär«. Verständlich, dass ich später lange Zeit einen weiten Bogen um das verhasste Accessoire mache. Es geht sogar so weit, dass ich unter meinem Spitzenpulli ein T-Shirt trage. So kann ich das ungeliebte Teil vor dem Unterricht auf dem WC ausziehen.

Ich bin zehn Jahre alt. Mein Stil: Wildfang

Meine Freundinnen tragen kurze Röcke, Kniestrümpfe und Lackschuhe. Ich tolle ständig mit den Nachbarbuben herum und liebe meine dunkelblauen Bluejeans: Sie sind bequem und haben auf den Knien aufgenähte Flicken in Herzform. Damit lässt es sich wunderbar mit meinem Schwarm Walter raufen.

Ich bin dreizehn Jahre alt. Mein Stil: Lausbub

Im Kino habe ich im Film »Paper Moon« die gleichaltrige Tatum O'Neal bewundert und will genau so aussehen wie sie. So komme ich zu meiner ersten Latzhose, die ich mit bunten T-Shirts und Blusen kombiniere. Dazu trage ich einen lustigen kleinen Hut, den ich auf dem Estrich gefunden habe, oder ich schlinge ein Nickituch um meinen Kopf und verknote es vorn. Einmal mehr hänseln mich die anderen Kinder und nennen mich »Witwe Bolte«. Mir ists egal. Mir gefällts.

Ich bin siebzehn Jahre alt. Mein Stil: Jeans-Mädchen

Elsbeth ist die Erste, die in unserer Klasse eine verwaschene Levis 501 trägt. Sie ist ein richtiges Hippiemädchen und hat ein untrügliches Gefühl für Mode. Sie kombiniert einen Maxijupe mit einem bauchfreien Top. Als ich einmal bei ihr übernachten darf, probiere ich im Badezimmer heimlich ihre Levis an, die sie in den Waschkorb geworfen hat. Eine Offenbarung: Sie sitzen perfekt und verderben mir für die Zukunft alle anderen Jeans. Ich bettle zu Hause, aber meine Eltern haben kein Einsehen. Ich muss weiter meine Rifle-Jeans tragen, die einiges günstiger sind als das Wunschobjekt. Mit dem ersten Geld, das ich kurz darauf beim Babysitten verdiene, kaufe ich mir die heiß geliebte Hose, die ich zu meinen Schuhen mit Keilabsätzen kombiniere. Um den Hals trage ich den unvermeidlichen silbernen Apfel, mit meinem ersten Parfüm: »Charlie«. Und ich habe begonnen, schwarze Wimperntusche aufzutragen. Das so üppig, dass der Zeichnungslehrer im Unterricht bemerkt: »Wenn ihr zu wenig Kohle zum Zeichnen habt, geht zu Silvia, sie hat genug auf den Augen.«

Ich bin zwanzig Jahre alt. Mein Stil: französische Garçonne

Ich besuche das Kindergärtnerinnenseminar und bin umgeben von jungen Frauen, die sich der Kupfer-Wolle-Bast-Bewegung angeschlossen haben. Sie tragen lange Jupes und Batik-Shirts. Dazu Jutetaschen und offene Sandalen. Für mich riechen alle nach Räucherstäbchen und Mottenkugeln. Ich selbst trage eine schmale, schwarze Jeans. Dazu ein geringeltes blau-weißes Matrosen-Shirt und darüber einen Oversize-Pullover meines Vaters. Dufflecoat und Béret geben mir im Winter warm. Heute würde ich diesen Stil als französisch bezeichnen.

Ich bin 23 Jahre alt. Mein Stil: Barbie

Ich bin verliebt und will ihm gefallen. Weil mein Freund verführerische Frauen mag, trage ich zum ersten Mal Minirock und hohe Absätze, meine langen blonden Haare drehe ich jeden Morgen auf heiße Lockenwickler. Ich fühle mich verkleidet – aber dem Angebeteten gefällts.

Ich bin 25 Jahre alt. Mein Stil: junge Dame I

Der Freund ist passé, der Minirock ebenso. Ich beginne eine Ausbildung zur Radiomoderatorin. So stark meine Leidenschaft für den neuen Job, so dürftig mein Lohn. Aber es ist mir wichtig, professionell aufzutreten. Ein schwarz-weiß karierter Blazer von Betty Barclay, im Ausverkauf erstanden, bildet die Grundlage meines seriösen Auftretens. Dazu kombiniere ich einen damenhaften, knielangen Jupe und schwarze Pumps. So fühle ich mich ein bisschen wie Melanie Griffith im Film »Working Girl«.

Ich bin 28 Jahre alt. Mein Stil: Material Girl

Ich werde modemutiger. Vergessen der damenhafte Look, jetzt trage ich zerrissene Jeans und ein weißes, über dem Bauch geknotetes T-Shirt. Abends im Ausgang werde ich zur Madonna-Kopie: Über dem schwarzen BH trage ich ein Netz-T-Shirt. Meine Haare sind wild toupiert und gegelt – sie glänzen mit meinem üppigen Modeschmuck um die Wette.

Ich bin 32 Jahre alt. Mein Stil: junge Dame II

Geschätzte fünfzehn Blazer in allen Regenbogenfarben hängen in meinem Kleiderschrank. Zu ihnen trage ich schwarze Leggings und Ballerinas. Ich arbeite als Moderatorin und Redaktorin beim Schweizer Fernsehen, und die bunt bedruckten »Fabric Frontline«-Foulards gehören zu meiner Grundausstattung vor der Kamera. Zweimal im Jahr dürfen wir mit unserem Stylisten einkaufen gehen. Diese Kleider behalte ich lange, denn ich habe begriffen: Qualitativ hochwertige Ware macht länger Freude.

Ich bin 35 Jahre alt. Mein Stil: Ich entdecke Jil Sander

Zum ersten Mal habe ich das Gefühl, modisch angekommen zu sein. Ich kann mir zwar nur ganz wenige Stücke der deutschen Designerin leisten, aber sie sind für mich stilprägend. Ich beginne, mir eine gut kombinierbare Garderobe aufzubauen, und stelle fest, dass ich so am Morgen viel weniger Zeit brauche, um mich zurechtzumachen.

Ich bin vierzig Jahre alt. Mein Stil: forever young
Plötzlich ist die böse Vier da, und ich schlittere in meine (erste) Midlife-Crisis. Jung bleiben will ich und auch so aussehen. Mein Stilvorbild ist Meg Ryan. Ich kopiere ihre Frisur und ihren verspielten Kleidungsstil, trage weiße Blüschen, kurze Röcke und übergroße Strickjacken, so lange, bis mein Liebster mich fragt: »Warum ziehst du dich eigentlich so jungmädchenhaft an? Das passt gar nicht zu dir.«

Ich bin 42 Jahre alt. Mein Stil: back to basics
Ich miste meinen Kleiderschrank aus und beschränke mich auf die wenigen Stücke, die mir wirklich gefallen. Und das sind schlichte Basics: Jeans, Pullover, Shirts und Blazer in Dunkelblau, Schwarz und Weiß. Meine Mutter beschwert sich über meine »Uniform«, wie sie diesen Kleidungsstil nennt: »Kind, du siehst immer gleich aus.« Ich selbst finde dieses Konzept super und behalte es für einige Zeit bei.

Ich bin 47 Jahre alt. Mein Stil: Ich liebe H & M
Ich verliebe mich augenblicklich in die Mode der schwedischen Kette. Zum ersten Mal kann ich die Trends der internationalen Laufstege preisgünstig kaufen. Vergessen ist mein »back to basics«-Look; ich verfalle in einen wahren Kleiderrausch und bin mindestens zweimal in der Woche in dem Laden an der Zürcher Bahnhofstraße. Innert kurzem quillt mein Kleiderschrank wieder über, aber irgendwie passt nichts zueinander. Ich werde vernünftig und beschließe, mich nur noch hie und da den modischen Trends hinzugeben und mich wieder vermehrt auf

meinen eigenen Stil zu konzentrieren: simpel mit einem verspielten Touch.

Ich bin fünfzig Jahre alt. Mein Stil? Ich bleibe ihm treu!
Ich habe zurückgefunden zu den schlichten Outfits, trage sie
aber nicht mehr so streng wie früher, sondern kombiniere sie
gern mit einem romantischen Stück, wie einer Bluse mit einem
hübschen Kragen (!). Auch punkto Farben bin ich offener geworden. Im Winter liebe ich immer noch Dunkelblau und
Schwarz, kombiniert mit Weiß. Im Sommer darfs aber auch
farbiger sein. Den heizbaren Lockenwicklern habe ich Ade gesagt.

Tipps und Tricks

Stilfragen haben mich schon immer fasziniert, nicht nur privat, sondern vor allem beruflich. Und weil ich auch von meinen Freundinnen immer wieder in Sachen Mode und Schönheit konsultiert werde, gebe ich an dieser Stelle gern einige Tipps weiter.

Einen langen Atem haben

Nichts gegen Trends. Sie machen die Mode spannend. Doch wer konstant den neuesten modischen Strömungen hinterherhechelt, verliert seine Individualität. Ich halte es so: Meine Grundgarderobe ist klassisch, aber ich peppe sie mit modischen Accessoires auf. So sieht mein Look immer wieder anders aus.

Locker bleiben

Es ist völlig okay, auch mal einen Fehlkauf zu machen. Solange nicht der ganze Schrank damit gefüllt ist. Freundinnen und die Caritas danken es.

Ehrlich sein

Finde heraus, welche Schnitte dir stehen – und bleibe dabei. Da ich ziemlich ausladende Hüften habe, ist die A-Form perfekt für mich. Natürlich liebäugle ich manchmal mit Skinny Jeans oder kurzen Blusen. Ich weiß aber, dass beides nicht vorteilhaft für mich ist, und lasse es.

Investition Unterwäsche

Ein gut sitzender BH und ein Slip, der nicht einschneidet, sind schon mal die Hälfte der Miete, wenn es um ein gutes Outfit geht. Hier lohnt es, sich von einer Fachperson in einem Geschäft beraten zu lassen, denn geschätzte achtzig Prozent der Frauen tragen eine falsche BH-Größe.

Inspiration ja, Kopie nein

Hole dir Inspirationen von anderen, aber kopiere niemanden. In der Vergangenheit hat es immer wieder Frauen gegeben, die mich inspiriert haben, Dinge auszuprobieren, sei es ein spezieller Look (Madonna) oder eine Frisur (Meg Ryan). Mein letztes Stilvorbild war Charlize Theron, die für meinen Kurzhaarschnitt mitverantwortlich ist. Ich würde mich heute aber nie mehr eins zu eins kleiden wie ein bestimmter Star. Das gehört für mich in die Kategorie Jugendsünden.

Qualität ist wichtiger als Quantität

Achte auf Materialien. Wer einmal einen Kaschmirpulli auf nackter Haut getragen hat, weiß, wie angenehm sich das anfühlt. Lieber ein teures Stück, das die Jahre überdauert, als drei Pullis, die nach dem dritten Waschen fusseln.

Sich treu bleiben

Deine Lieblingsstücke sind an schlechten Tagen deine Freunde. Wenn ich mich am Morgen nicht fit fühle, schlüpfe ich in meine »Uniform«. Dunkelblaue, schmal geschnittene Jeans, ein weißes T-Shirt im Sommer oder ein schwarzer Oversize-Pulli im Winter – und gleich fühle ich mich besser. Kleider sind nicht nur wichtig für ein gutes Aussehen, sie bieten dir auch Schutz.

Rettung Accessoires

Eine tolle Tasche, eine originelle Kette oder ein Paar exklusive Schuhe lassen ein Outfit in neuem Glanz erstrahlen, auch wenn es von der vorvorletzten Saison ist.

Helfende Hand

Mein Engel heißt Adriana. Sie ist Schneiderin – leider nicht nur meine – und macht alles passend.

Keine Wurst in Pelle

Man muss keine Modelmaße haben, um modisch zu punkten. Ich spreche aus Erfahrung, da ich in den letzten dreißig Jahren so ziemlich alle Größen zwischen Small und Large getragen habe. Meinem Gefühl nach sind die Kleider in den letzten Jahren geschrumpft – vielleicht bin aber auch ich auseinandergegangen. Vor allem Anbieter aus südlichen Ländern wie Mango oder Zara schneidern klein. Zuerst hat es mich richtig genervt, dass ich dort immer ein Large nehmen muss, aber was solls. Also nie Kleider zu klein kaufen mit dem hoffnungsvollen Gedanken »Wenn ich nur fünf Kilo abnehme, dann passen die Skinny Jeans perfekt«. Der Tag wird nie kommen. Und wer will schon wie Wurst in Pelle aussehen?

Finger weg von Fakes

Wenn man sich keine Balenciaga-Taschen leisten kann, dann sollte man es lassen oder auf eine sparen. Nichts sieht billiger aus als eine Kopie. Überhaupt bin ich kein Fan von Brands, die inzwischen jeder trägt oder die schon von weitem erkennbar sind. Ein cooler Lederbeutel einer unbekannten Designerin ist viel individueller.

Nicht zu viel Harmonie

Mantel, Tasche und Schuhe der gleichen Farbe: wie langweilig.

Schlicht ist nie falsch

Ob das kleine Schwarze, die Bluejeans, kombiniert mit einer weißen Bluse, oder der klassische Kaschmirmantel: Klassiker kommen nie aus der Mode.

Das wichtigste Stil-Accessoire

Selbstvertrauen. Dem gibt es nichts hinzuzufügen.

»Ich wollte immer Nägel mit Köpfen machen«

Die Optimistin – aufgeben kam nie infrage: Esther Bischofberger, 56, selbständige Unternehmensberaterin, Coach

Wenn auf eine Frau der Begriff feminin zutrifft, dann auf Esther Bischofberger, von ihren Freunden liebevoll »Bischi« genannt. Auf den ersten Blick gibt man ihr keine vierzig, erst bei genauerem Hinsehen sieht man die feinen Falten, die ihr zartes Gesicht zeichnen und ihm seinen speziellen Charakter verleihen. Sie trägt Pastell, ohne dass es kitschig wirken würde: türkisfarbene Jeans, rosarote Turnschuhe, ein geblümtes, ärmelloses Top, das ihre straffen, gebräunten Oberarme zur Geltung bringt. Ihr helles, schulterlanges Haar hat sie achtlos im Nacken zusammengebunden. Wenn sie erzählt, und das tut sie im privaten Rahmen viel und gern, spüre ich ihr Temperament, aber auch ihren Tiefgang. Mit Esther kommt das Gespräch schnell auf die essenziellen Dinge des Seins: Wer bin ich, was ist meine Aufgabe, welches Leben passt zu mir?

Die anmutige 56-Jährige ist immer in Bewegung, sei es körperlich, in ihrem Denken, in der Lebensgestaltung (sie ist vierzehnmal umgezogen) oder auch in ihren Beziehungen (sie hat zwei Scheidungen und ein paar »lehrreiche Partnerschaften« hinter sich). »Nur als Mutter schaffe ich es, konstant zu sein«, sagt sie. Ihr heute 31-jähriger Sohn Juri ist Schauspieler und »das Beste, was ich in meinem Leben habe«.

Esther Bischofbergers Geschichte hat Filmpotenzial. »Ich führe ein buntes Leben«, sagt sie, ohne damit angeben zu wollen. Aufgewachsen ist sie in einer gutbürgerlichen Familie in Iberg bei Winterthur, wo sie allerdings das Gefühl hatte, in einem Korsett zu stecken. Ihre Eltern hätten vermutlich lieber Buben gehabt, »denn für meine Schwester und mich gab es bis achtzehn nur Kurzhaarschnitt und Reportermantel; die Flower-Power ist völlig an uns vorbeigegangen«, erinnert sie sich.

Sie sei ein dickes Mädchen mit einer grauenvollen Akne gewesen, erzählt Esther. »Meine Haut war so schlimm, dass sie sogar in einem dermatologischen Fachbuch abgebildet wurde.« Sie versuchte, der Akne mit Zitronensäure und Hefekuren zu Leibe zu rücken. Ohne Erfolg. In ihrer Teenagerzeit flüchtete sie darum in eine Fantasiewelt und verbrachte die meiste Zeit mit Lesen. »Bücher waren und sind meine große Leidenschaft, mit ihnen kann ich abtauchen.«

Mit knapp zwanzig Jahren heiratete sie, ihren ersten Freund. »Matthias war der erste Mann, der sich für mich interessierte; er gab mir das Gefühl, attraktiv zu sein. Und außerdem: Alle Frauen wollten ihn haben«, sagt sie lachend. Die Ehe tat ihr gut. Sie begann sich vom hässlichen Entlein zum schönen Schwan zu entwickeln. Angespornt von ihrem Mann, trieb sie regelmäßig Sport, meist Aerobic, wurde sogar Skilehrerin; und bald war aus dem dicken Mädchen eine Sportskanone geworden. Diese Metamorphose ist im Familienalbum eindrücklich dokumentiert. »Matthias stellte mich auf einen Sockel und sagte mir immer wieder, wie schön ich sei, äußerlich und innerlich. Und am Schluss glaubte ich ihm. Und war schlank.« Das gute Aussehen öffnete neue Türen. Während sie studierte, begann Esther zu modeln; doch sie merkte früh: »Das ist nichts für mich, nur meine Hülle zählte und nicht, wer ich wirklich war.« Sie hörte mit dem Modeln auf und wurde Lehrerin. Nach ein paar Jahren ging die Beziehung mit Matthias in die Brüche, Juri war gerade erst zwölf Monate alt. Nun musste sie den Lebensunterhalt für sich und ihren Sohn selbst bestreiten und nahm eine Stelle als Sachbearbeiterin in einer Modeagentur an.

In dieser Zeit traf sie ihre große Liebe Stefan und heiratete erneut. »Ich wollte immer Nägel mit Köpfen machen, beruflich und privat.« Das neu gefundene Glück beflügelte sie; und sie bewarb sich als Personalassistentin bei dem Kosmetikunternehmen Estée Lauder. Obwohl sie in dieser Branche bisher keine Erfahrungen gesammelt hatte, bekam sie den Job, und so begann die »glamouröse Phase« in ihrem Leben: Zentimeterdickes Make-up, High Heels und Businesskostüm gehörten nun zu ihrem Alltag. »Mein Sohn Juri sagte damals: ›Mami, du siehst aus wie Ivana Trump.‹ Doch auch in dieser ›Obertussi-Phase‹ behielt ich meinen Tiefgang«, sagt sie schmunzelnd. »Ich interessierte mich nach wie vor für Literatur und Kunst und zunehmend auch für Spiritualität.« Esther entdeckte, dass sie extrem »gspürig« war. »Ich nahm Energien und Schwingungen wahr, manchmal mehr, als mir lieb war.«

Obwohl sie sich bei Estée Lauder sehr wohlfühlte, trieb eine innere Unruhe die junge Mutter und Ehefrau weiter: Sie wollte beruflich vorankommen. So wurde sie die persönliche Assistentin eines CEO in einer großen Treuhandgesellschaft und leitete das Personalmanagement. Privat lief es nicht so gut: Die Beziehung mit Stefan scheiterte. Die Trennung von ihm machte ihr schwer zu schaffen. »Ich empfand es als große Niederlage, dass wir es nicht hinbekommen hatten.«

Danach begann das, was Esther als »Porsche-Phase« bezeichnet: Sie wurde Unternehmensberaterin in einer renommierten Firma in Luzern. »Ich genoss ein sehr privilegiertes Leben mit allen Annehmlichkeiten, die ich mir schon als Mädchen erträumt hatte, mit tollen Reisen und Gucci-Taschen. Natürlich hatte dieser glanzvolle Alltag seinen Zauber, aber mit der Zeit fühlte ich mich innerlich immer leerer. Mir fehlte die seelische Nahrung.« Und dann kam der große »Chlapf«: Bei Esther Bischofberger wurde Brustkrebs diagnostiziert; gleichzeitig verlor sie ihren Job. »2003 war mein Tiefpunkt«, sagt sie, »aber heute weiß ich, dass damals mein persönliches Glück begonnen hat.« Sie beschloss, ihr Leben radikal zu ändern, nahm den Kampf gegen ihre Krankheit auf und begann eine alternative Therapie – eine Chemotherapie lehnte sie ab. Gleichzeitig machte sie sich als Unternehmensberaterin selbständig.

Woher nahm sie die Energie, trotz der schweren Krankheit diesen Weg einzuschlagen? »Ich wollte einfach den zwanzigsten Geburtstag meines Sohns erleben«, erklärt sie schlicht. In der folgenden Zeit konzentrierte sich Esther verstärkt auf die Dinge, die ihrer Seele und ihrem Körper guttaten: das Leben in der Natur, das Golfen, das Zusammensein mit Freunden. »Ich lernte die sogenannten einfachen Dinge genießen. Früher waren mir Äußerlichkeiten extrem wichtig, aber plötzlich suchte ich nach inneren Werten. Bei mir, aber auch in meinem Umfeld.«

Eine Asketin ist Esther Bischofberger trotzdem nicht geworden. Sie liebt nach wie vor schöne Kleider und hat beispielsweise auch Freude an einem neuen Golfschläger. »Aber ich definiere mich nicht mehr über persönlichen Besitz.« Die Veganerin schätzt feines Essen – »man ist, was man isst«, sagt sie – und auch ein gutes Glas Wein. Und was tut sie für ihr jugendliches Aussehen? Sie zieht ein Necessaire aus ihrer Tasche und schüttelt den Inhalt heraus: Wimperntusche, Lipgloss, Rouge, Augenbrauenstift. Die Zeit der bunten Farben ist definitiv vorbei. »Ich muss meine persönlichen Unsicherheiten nicht mehr überschminken, what you see is what you get.« Auch sonst ist ihr Schönheitsregime, verglichen mit früheren Tagen, simpel. Ihre Haut pflegt sie mit Rosenöl, alle zwölf Monate geht sie zur Kosmetikerin. Beim Coiffeur lässt sie sich blonde Mèches machen. »Ich bin von Natur aus mausblond, aber meine Haare sind heute schöner als mit dreißig.« Und natürlich gehört noch immer Bewegung dazu. Sie turnt täglich eine halbe Stunde, allerdings zu Hause, »denn in einem Fitnessstudio bekomme ich Platzangst«.

Die Diskrepanz zwischen dem einstigen Glamourgirl – »ich war ein zugepapptes Kunstwerk« – und ihrer heutigen natürlichen Schönheit könnte nicht größer sein. »Die meisten pflegen und schminken sich mit zunehmendem Alter mehr oder lassen sich gar operieren. Das wäre nichts für mich. Ich gefalle mir besser, je älter ich werde, denn ich bin in meine persönliche Kraft gekommen.«

Man sagt, dass es für schöne Frauen schwieriger sei, das Älterwerden zu akzeptieren, weil sie ihr ganzes Leben von ihrem guten Aussehen profitiert hätten. Kein Thema für Esther Bischofberger. Ihr gefällt es, dass sich »in meinem Äußeren meine Geschichte spiegelt, die guten wie die schweren Zeiten«. Dem Älterwerden und den damit verbundenen Einsichten kann sie viel Gutes abgewinnen. Sie sei nicht mehr so materiell eingestellt, genieße jeden Tag ihres Lebens und könne heute besser allein sein als früher.

Trotz ihrer Eigenständigkeit: Die Liebe hat einen festen Platz in ihrem Leben. Esther spricht allerdings nicht von Beziehung oder Partnerschaft wie viele Frauen ihres Alters, nein, sie sagt explizit »Verliebtheit« und lacht dabei mädchenhaft verschmitzt. Sie will Freude, Ernsthaftigkeit und Leichtigkeit in ihrem Leben und braucht »keinen Versorger, Pessimisten oder Therapiefall. Früher gaben mir Männer Selbstbewusstsein«, sagt sie, »heute ist das nicht mehr nötig. Und wenn ich mal auf die Nase falle, was solls! Aufstehen, Krone richten, weitergehen!«

Esther lebt allein in einem kleinen Häuschen am Waldrand im Zürcher Tösstal, »dort, wo sich Fuchs und Hase Gute Nacht sagen«. Sie liebt die Ruhe in ihrem Zuhause und ist oft schon frühmorgens auf dem Golfplatz anzutreffen. Doch bei aller Freude am Leben kennt sie auch melancholische Momente. Traurig macht sie zum Beispiel manchmal, wie schnell die Zeit vergeht. Sie versuche zwar immer, im Jetzt zu leben und nicht mehr darauf zu warten, dass etwas geschehe; aber die verbleibende Zeit werde einfach weniger. Was sie allerdings gar nicht versteht, ist, dass es so wenige glückliche Alte gibt. Dabei sei es »doch ein Privileg, älter zu werden«.

Auf ihr reiches Leben blickt sie selten zurück. »Ich will nicht über Vergangenes grübeln, das bringt nichts.« Auch zu ihren Exmännern hat sie heute ein freundschaftliches Verhältnis. Denn ihr Credo lautet: »Wir machen im Leben keine Fehler, sondern nur Erfahrungen, die das Bewusstsein weiterentwickeln.«

Besser als guter Sex

Letzthin sagte meine Freundin Stephanie beim gemeinsamen Kaffee: »Wenn ich alt bin, dann gründe ich mit dir eine WG.« Sie sagte es in einem scherzhaften Ton, aber ich spürte, dass sie es ernst meinte. Stephanie ist Single und denkt viel darüber nach, wie ihr Leben später einmal aussehen könnte. Es entstand eine kleine, etwas peinliche Gesprächspause, ich wusste nicht, was ich sagen sollte. Einerseits schmeichelte mir diese spontane Äußerung, da sie zeigte, dass Stephanie mich wirklich mochte, andererseits rührte sie an ein Thema, dem ich gern aus dem Weg gehe: das Alter. Ich meine nicht die nächsten zehn oder zwanzig Jahre, die ich hoffentlich gemeinsam mit meinem Mann verbringen werde, sondern eine möglichst ferne Zukunft, in der mich das unberechenbare Schicksal vielleicht einmal zum Alleinsein verdonnern könnte. Ich lachte, vermutlich ein bisschen zu laut, und wechselte schnell das Thema.

Am Abend ging mir das Gespräch weiter im Kopf herum, und ich stellte mir vor, wie es wohl wäre, mit einer oder mehreren Freundinnen zusammenzuwohnen. Die Vorstellung war ungewohnt, fühlte sich aber nicht komplett fremd an. Schließlich haben meine Freundinnen einen wichtigen Stellenwert in meinem Leben, und warum sollte man aus der Not nicht eine Tugend machen und sich im Alter zusammentun? Vermutlich wäre das nicht nur vernünftig, sondern auch eine Freude. Denn eine WG wäre nur die logische Weiterentwicklung unserer langjährigen Beziehung: Je älter ich werde, desto mehr sind mir die Freundinnen zur Familie geworden. Warum also nicht auch gemeinsam leben? Am liebsten in einer verwunschenen Villa mit großem Garten und alten Bäumen. Gemeinsam könnten wir uns darin Küche und Wohnzimmer, Terrasse oder Garten, Hunde oder Katzen teilen. Wir würden uns gegenseitig bekochen und betüddeln – und uns sicher auch immer wieder mal an die Gurgel gehen. Und wenn eine etwas mehr Privatheit bräuchte – vielleicht käme ja hin und wieder ein Hausfreund zu Besuch –, könnte sie in ihre eigenen ein oder zwei Räume gehen und einfach die Tür hinter sich zumachen.

Männer gehen, Freundinnen bleiben: In einer Zeit, in der die Hälfte der Ehen scheitert, sind Freunde, insbesondere aber Freundinnen, vielleicht die beste Altersversicherung. Dieses neue Stadium gemeinsam erleben und dann füreinander da sein – inzwischen kann ich mir das vorstellen. Und eine Bleibe mit selbst ausgewählten Mitbewohnerinnen ist ja auch viel verlockender als den Lebensabend in einem Altersheim verbringen. Frauenfreundschaften sind mir immer sehr wichtig gewesen, deshalb habe ich sie gepflegt, auch wenn ich in einer Beziehung war. Heute habe ich rund ein Dutzend enger Freundinnen; darüber bin ich sehr glücklich, denn ich weiß, dass das nicht die Regel ist. Einige von ihnen könnten meine Töchter sein, andere meine älteren Schwestern, und natürlich gibt es auch die (fast) Gleichaltrigen.

Diesen Generationenmix empfinde ich als sehr bereichernd. Dabei ist es nicht so, dass meine jungen Freundinnen ausschließlich dem Stereotyp von »Sturm und Drang« entsprechen und die Älteren sich durch Abgeklärtheit und Weisheit auszeichnen. Im Gegenteil: Sophie ist noch keine dreißig, aber vom Wesen her »eine alte Seele«. Den Altersunterschied von über zwanzig Jahren spüre ich höchstens, weil sie am Wochenende erst um die Zeit in den Ausgang geht, wenn ich mich schlafen lege. Und die älteste meiner Freundinnen, Edith, hat so viel Energie, dass ich ihr selbst an guten Tagen fast nicht folgen kann. Sie ist mir immer ein paar Schritte voraus.

Dann gibt es natürlich noch die langjährigen Freundinnen, die mit mir zusammen die Höhen und Tiefen des Lebens meistern. Zwar liegen wir altersmäßig nahe beieinander, aber was Lebensweise und Einstellungen betrifft, gibt es trotzdem viele Unterschiede. Diese Gegensätze empfinde ich als bereichernd, auch wenn sie durchaus Konfliktpotenzial bergen. Als harmoniesüchtigem Menschen macht mir beispielsweise manchmal die fadengerade Art von Yvonne zu schaffen – es wäre schön, wenn sie unangenehme Wahrheiten etwas netter verpacken würde. Etwa ihr Urteil über meinen neuen Haarschnitt. »In zwei Monaten wird das gut aussehen«, hatte sie auf meine entsprechende Frage geantwortet. Ja, so viel Direktheit ist nicht immer angenehm. Aber bei Yvonne weiß ich: Es ist nicht Missgunst oder gar Neid, was aus ihr spricht, sondern Ehrlichkeit. Und das macht doch eine gute Freundin aus: Sie ist ein Spiegel, in dem wir unsere eigenen Stärken und Schwächen erkennen können.

Doch auch die engsten Freundschaften haben ihre Hochs und Tiefs. Genau wie in einer Liebesbeziehung gibt es auch hier gute und schlechte Zeiten. Manchmal könnten wir einander auffressen vor Liebe, und manchmal würden wir uns gegenseitig am liebsten auf den Mond schießen. Apropos Mond: Frauenfreundschaften sind wie die Gezeiten, sie haben ihren eigenen Rhythmus, sind oberflächlich gesehen Stimmungen und Strömungen unterworfen, aber unterliegen doch einer gewissen Konstanz.

Mit zunehmendem Alter gehen mir, bei aller Verbundenheit, die Macken der anderen gelegentlich gehörig auf den Geist (waren es immer schon so viele?). War Lena früher schon so unentschlossen beim Einkaufen? Warum redet Anna immer nur über sich? Und wann hört Martha endlich mit den ewigen Klagen auf, dass sie nie einen Mann finden wird? Ich habe dann das Gefühl, dass meine Freundschaften zäher, unbeweglicher und langweiliger geworden sind. Vielleicht, weil wir uns so gut kennen und fast schon ein eheähnliches Verhältnis haben. Natürlich ohne Sex. Laut einer Umfrage des deutschen Monatsmagazins »Madame« sind Frauenfreundschaften für fast alle befragten Frauen ohnehin wichtiger als guter Sex. Sie wollen vor allem eines: von der Freundin verstanden werden. Sie wollen sich austauschen über ihre komplexe Gefühlswelt, ihre Gedanken, ihre Hoffnungen, ihre Sorgen.

Manchmal ergeben sich auch neue Freundschaften. Dann sind plötzlich dieses Kribbeln und die Unbeschwertheit wieder da. Als wäre ich frisch verliebt, versuche ich mich von meiner besten Seite zu zeigen. Meine Freundin Brigitte behauptet sogar, dass ich Frauen gegenüber ein gewisses Flirtverhalten an den Tag lege. Das ist mir allerdings nicht bewusst; ich finde es einfach spannend, jemanden, den ich toll finde, näher kennen zu lernen. Manchmal habe ich dann gegenüber meinen alten Freundinnen ein richtig schlechtes Gewissen, so, als ginge ich fremd. Ich rette mich dann mit dem Alibisatz, der Frauen und Männern so oft als Rechtfertigung dient, wenn sie in fremden Gärten wildern: Ich nehme ihr/ihm ja nichts weg.

Ich bin keine Fachfrau, die sagen könnte, was eine gute Frauenfreundschaft wirklich ausmacht. Bei manchen war es »Liebe auf den ersten Blick«, bei anderen dauerte die Annäherung und das Beschnuppern länger. Ich weiß auch nicht, was es braucht, damit aus einer Bekannten eine Freundin wird. Was ich aber weiß: Die Chemie muss stimmen; vor allem auf der emotionalen Ebene muss die beste Freundin ähnlich ticken wie ich. Und das Vertrauen muss da sein: hundertprozentig. Und dann gibt es noch diese Verbundenheit, die auch dann da ist, wenn man sich lange Zeit nicht sieht, dieses Gefühl, als hätte man erst gestern miteinander geredet, obwohl es bereits Jahre her ist.

Es gibt Frauen, die sich damit brüsten, keine Freundinnen zu haben. »Ich kanns nicht so mit Frauen«, heißt es dann. Bei Sprüchen wie diesem werde ich hellhörig. Ich habe oft die Erfahrung gemacht, dass solche Frauen ein starkes Konkurrenzverhalten an den Tag legen und keine wirkliche Nähe zulassen können; das würde ja bedeuten, dass sie sich ungeschminkt, und zwar in jeder Beziehung, zeigen müssten. Denn wie in der Liebe zu einem Mann muss es auch unter Freundinnen möglich sein, sich mal »nackt« zu zeigen. Wahre Freundschaft funktioniert bekanntlich nicht ohne das Preisgeben der eigenen Schwächen.

Manchmal muss man sich aber auch von Freundschaften verabschieden. Ein heikles Kapitel, denn diese Trennungen schmerzen manchmal genauso wie ein kommuner Liebeskummer. Freundschaften können sich überleben, die Wege gehen auseinander, Interessen und der Alltag verändern sich, und es kann auch etwas passieren, das eine Freundschaft so vergiftet, dass sie nicht mehr zu retten ist. Bei langjährigen Freundschaften braucht es dann viel Mut, einen Schlussstrich zu ziehen.

Aber, o Wunder, manchmal blüht eine schon zu Grabe getragene Freundschaft noch einmal auf, so wie die zu Miranda, die während der Schulzeit meine allerbeste Freundin war. Wir ließen uns zusammen die Haare raspelkurz schneiden, trösteten uns bei Liebeskummer, spornten uns gegenseitig beim Achtzigmeterlauf an und teilten wirklich alle Geheimnisse. Wir ertrugen auch gemeinsam den Spott unserer Schulkameraden, als wir beide zusammen vom Fünfmeterbrett sprangen und im Wasser die Oberteile unserer weißen Bikinis verloren. Solche Erlebnisse schweißten uns zusammen. Doch dann schickten ihre Eltern sie nach Brüssel in ein Internat, und wir verloren uns aus den Augen. Erst dreißig Jahre später sahen wir uns wieder, bei einem Klassentreffen, und erkannten uns sofort. Wie aus der Pistole geschossen riefen wir gleichzeitig: »Der weiße Bikini!« Wir lachten, und in dem Moment wusste ich: Wir hatten uns wiedergefunden.

Miranda fühlte gleich wie ich, wie sie mir wenige Minuten nach dem Wiedersehen verriet. Ich war fasziniert, aber auch ein bisschen verwirrt. Als wir uns das letzte Mal gesehen hatten, war sie ein dünnes Mädchen mit kurzem schwarzem Haar und einigen neckischen Sommersprossen gewesen. Jetzt saß ich einer üppigen Frau mit rotblonder, wallender Mähne gegenüber, die äußerlich so gar keine Gemeinsamkeiten mit der kleinen Miranda aufwies. Und doch war diese Vertrautheit wieder da, als wären wir nie getrennt gewesen. Wir knüpften da an, wo wir aufgehört hatten, und tauschten uns bis in die frühen Morgenstunden aus.

Vielleicht wäre Miranda eine Kandidatin für unsere WG in der alten Villa, mit ihrer aufmüpfigen Art würde sie Leben in die Bude bringen. Je länger ich über diese Wohnform nachdenke, desto besser gefällt mir der Gedanke: Die genussvolle Anna kocht, die penible Elke sorgt für Ordnung, die geschmackssichere Sina übernimmt unser Styling, und die fürsorgliche Fränzi wäre für gesundheitliche Belange zuständig. Und meine Rolle? Ich würde ein weiteres Buch schreiben. Der Titel: »Älterwerden für Fortgeschrittene – Geschichten aus der Villa Kunterbunt«.

»Mein Know-how ist eine Exklusivität des Alters«

Die Leidenschaftliche – nur keine halben Sachen:
Bea Petri, 60, Maskenbildnerin, Unternehmerin

Wenn Bea Petri erzählt, verfliegt die Zeit. Und zu erzählen hat sie viel: spannende Geschichten mit ehrlichen Einsichten und berührenden Emotionen. Über ihr Leben als Maskenbildnerin auf nationalen und internationalen Filmsets, ihre Leidenschaft für ihr Unternehmen Schminkbar und ihr Engagement in Westafrika, wo sie bedürftigen Jugendlichen zu einer Ausbildung verhilft. Die Mutter zweier Töchter, der 34-jährigen Kim und der 37-jährigen Lia, ist mit dem Schaffhauser Ex-Stadtpräsidenten Thomas Feurer verheiratet.

Es ist ihre vierte Ehe. Rückblickend sagt sie lakonisch: »Bei der ersten Heirat war ich noch ein Kind. Mein zweiter Ehemann war ein Krimineller. Der dritte war Kameramann und hatte Probleme damit, dass ich so wenig Zeit für ihn hatte. Aber der vierte, Thomas, passt einfach.« Nach sechsjähriger Ehe ist sie überzeugt, »angekommen zu sein«. So munter, wie Bea über ihre Männer spricht, könnte man meinen, dass sie die Liebe eher auf die leichte Schulter nimmt. Dem ist nicht so.

»Meine Scheidungen waren alles andere als lustig, aber ich habe gelernt, nach vorn zu schauen und das Schöne in meinem Leben zu genießen.«

Bea Petri ist sechzig Jahre alt. Und sie sagt offen, dass sie das Älterwerden in gewissen Phasen als »sehr schwierig« erlebt habe. »Bis fünfzig war ich sehr aktiv, beruflich voll eingespannt, arbeitete teilweise vierzehn Stunden am Tag in meinem Beruf, den ich über alles liebe. Ich fühlte mich noch richtig jung.« Dann sei sie plötzlich müde geworden, habe gespürt, wie ihre Kräfte nachließen und sich der Körper veränderte. »Und dann erst die Wechseljahre! Schweißausbrüche, schlaflose Nächte, puh!« Bea verdreht die Augen. »Ich glaube keiner Frau, die sagt, sie habe keine Probleme mit dem Älterwerden«, sagt sie energisch und wirft ihre langen, dunkelblonden Haare in den Nacken.

Fünf Jahre dauerte dieser Zustand. Das ist eine lange Zeit, wenn man sich nicht wohlfühlt. Und für eine Frau, die es gewohnt war, für ihr Aussehen und ihr lebenslustiges Wesen begehrt und bewundert zu werden, war es nicht einfach, plötzlich »durchsichtig« zu werden. »Ich habe immer in Beziehungen gelebt; Aufmerksamkeit von Männern zu erhalten, war für mich etwas Normales. Und plötzlich war ich eine Frau im mittleren Alter.« Bea Petri versuchte, die Zeit aufzuhalten, indem sie zweimal einen schönheitschirurgischen Eingriff machen ließ, beide Male mit verheerendem Ergebnis. Das erste Mal störte sie sich an ihrem »Kälblihals«, einem Erbstück ihrer mit 95 Jahren verstorbenen Mutter. »Ich ließ Fett absaugen und anschließend die überschüssige Haut entfernen – von einer Kosmetikerin, die dazu gar nicht befähigt war. Die Folge waren schwere Entzündungen.« Doch Bea Petri war noch nicht kuriert. Einige

Jahre später folgte der zweite Eingriff. Nachdem ihr eine Kundin gesagt hatte, sie sehe müde aus, ließ sie sich von einem Schönheitschirurgen Kollagen spritzen. Auf das sie allergisch reagierte. Es bildeten sich Knoten unter der Haut, die sich über die Jahre nur langsam zurückbildeten. »Ich kann nicht mehr verstehen, warum ich mich zu einem solchen Unsinn hinreißen ließ«, sagt sie heute, »ich habe das schwer büßen müssen.« Trotz dieser schmerzlichen Erfahrungen lehnt Bea Petri Schönheitseingriffe nicht generell ab. Für sie persönlich seien sie zwar tabu, »bei meiner Arbeit in der Schminkbar bekomme ich aber immer wieder auch gute Ergebnisse zu sehen«.

Heute fühlt sie sich wieder wohl in ihrer Haut, auch wenn sie das Älterwerden spürt. »Ich habe an Kraft verloren, manchmal habe ich Konzentrationsprobleme, und die Nerven sind auch schwächer geworden.« Dass sie diese Veränderungen inzwischen gut annehmen kann, hat verschiedene Gründe. So gebe ihr Mann ihr das Gefühl, schön und begehrenswert zu sein. »Das hält mich definitiv jung.« Ein weiterer wichtiger Grund für ihre Zufriedenheit ist die Arbeit für ihr Projekt »Nas Mode« in Westafrika. In Ouagadougou, der Hauptstadt Burkina Fasos, hat sie mithilfe von Spendengeldern und eigenen Investitionen eine Schule gegründet, in der Mädchen und junge Frauen die Chance bekommen, eine Ausbildung als Schneiderin, Kosmetikerin oder Coiffeuse zu machen. »Ein Teil von mir ist immer in Afrika«, sagt sie. »Die Armut, die ich dort erlebt habe, zeigt mir, welche Luxusprobleme wir hier haben.«

Bea Petri ist eine engagierte und mutige Frau. Wenn sie etwas macht, dann macht sie es richtig, egal, ob es sich um Beziehungen, den Beruf oder ihr soziales Engagement handelt. Eine neue, große Herausforderung wartet schon auf sie. Sie will ihren Töchtern die Firma übergeben. Obwohl sie davon überzeugt ist, »dass der Zeitpunkt stimmig ist«, sei dies ein sehr schwieriger Schritt. »Die Schminkbar ist mein Baby, der Ablösungsprozess ist hart und kann nur sehr langsam erfolgen.« Deshalb will sie sich nun Schritt für Schritt aus dem operativen Geschäft zurückziehen, aber weiterhin Verwaltungsratspräsidentin bleiben. Ist das Loslassen nicht einfacher, wenn das Geschäft in Familienhänden bleibt? »Nicht unbedingt«, sagt sie nachdenklich, »wir haben keinen Spielraum für einen Flop, denn wir müssen 76 Mitarbeitern die Löhne zahlen. Da frage ich mich immer wieder mal: Schaffen das die Kinder?« Sobald es in der Familie Differenzen in Bezug auf die Geschäftsführung gebe, merke sie übrigens, wie dünnhäutig sie geworden sei.

Fast mädchenhaft schaut sie aus, wie sie so dasitzt mit ihrer modisch schwarz geränderten Brille, in ihrem weiten, weißen T-Shirt, den bunten Pluderhosen und dem dunklen Blazer. Pläne für die Zeit nach ihrem Ausscheiden aus der Firma hat sie viele. Sie wird weiterarbeiten für verschiedene Organisationen und natürlich für ihr Afrikaprojekt. Ihr ist bewusst, dass die Zeit begrenzt ist. »Vielleicht habe ich noch zehn, fünfzehn gute Jahre; ich will diese Zeit nutzen und Dinge machen, die mir guttun.«

Mit dem Älterwerden setzt sie sich intensiv auseinander. »Es ist ein schönes Gefühl, zu wissen, dass ich einen großen Erfahrungsschatz habe. Dieses Know-how ist eine Exklusivität des Alters.« Heute gehe sie alles mit mehr Zuversicht und Erfahrung an. »Dadurch bin ich viel ruhiger geworden. Und ich habe nicht mehr dauernd das Gefühl, etwas zu verpassen.« Was hat ihr konkret geholfen beim Älterwerden? »Das Wichtigste ist, dass man eine Aufgabe hat, die einen erfüllt. Das muss kein riesiges Projekt sein, Möglichkeiten gibt es zuhauf.« Um ihr Französisch aufzufrischen, verbrachte sie vorletztes Jahr beispielsweise zwei Wochen in einer Pariser Sprachschule, wo die Mitschüler nur halb so alt waren wie sie – »das war toll!«. Und sie findet es wichtig, dass man sich immer wieder mal was Gutes tut. »Damit meine ich keine sinnlosen Frustkäufe, sondern etwa eine entspannende Massage oder eine Pediküre.«

Was sie nicht verstehen kann, ist, dass sich Frauen ab einem bestimmten Alter gehen lassen. »Kürzlich war ich an einem Konzert. Ich schaute mich um und glaubte, von Klonen umgeben zu sein. Alle hatten kurze graue Haare und trugen Beige oder Schwarz, das war wirklich trist.« Sich Bea Petri so vorzustellen, ist unmöglich. Sie ist so bunt und facettenreich wie ihre Kleidung. Und das wird vermutlich so bleiben, selbst wenn sie das fast schon biblische Alter ihrer Mutter erreichen sollte.

Eitel, faul, verbissen

Kürzlich hörte ich auf der Bürotoilette, wie sich zwei junge Frauen über eine Kollegin unterhielten. »Wie alt schätzt du sie?«, fragte die eine. Die andere meinte: »Ende vierzig, Anfang fünfzig. Aber sie sieht verdammt gut aus für ihr Alter.« »Stimmt«, kicherte die erste, »aber in dem Alter ist sie keine Gefahr mehr für uns.« Im ersten Moment dachte ich: »Oha, dass ihr euch da mal nicht irrt, ihr Küken! Natürlich kann es eine Fünfzigjährige punkto Figur und Hautdichte nicht mehr mit euch aufnehmen, dafür aber kann sie anderes in die Waagschale werfen: Selbstbewusstsein, Erfahrung und Gelassenheit – Eigenschaften, über die junge Frauen nicht verfügen.« Im nächsten Moment ärgerte ich mich über mich selbst: Wieso musste ich das Älterwerden verteidigen, indem ich in den gleichen Stereotypen dachte wie diese beiden? Als könne man eine gute Figur, Selbstbewusstsein oder Erfahrung einer bestimmten Altersgruppe zuordnen.

Unsere Gesellschaft liebt es, Frauen in Schubladen zu stecken, vor allem, wenn es ums Alter geht. Da treffen wir auf die blühende Zwanzigjährige, der alle Türen offenstehen. Auf die ehrgeizige Dreißigjährige, die auf ihre Karriere fokussiert ist, aber natürlich auch Familie möchte. Die immer noch attraktive Vierzigjährige, die voll im Leben und zu ihren ersten Fältchen steht. Die reife Fünfzigjährige, die unter Wechseljahrbeschwerden leidet und sich überlegt, ob sie sich nicht bei einem Schönheitschirurgen unters Messer legen soll. Die unsichtbare Sechzigjährige, die sich damit abgefunden hat, dass es punkto Aussehen und Männer gelaufen ist. Und die geschlechtslose Siebzigjährige, die sich auf ihre Hobbys, das Großmuttersein, Wandern und Bridge konzentriert. So weit, so schlecht.

Auch wenn wir den Männern immer wieder vorwerfen, dass sie uns nach Äußerlichkeiten beurteilen: Es sind die Frauen selber, die hart mit ihren Geschlechtsgenossinnen ins Gericht gehen. Eine aktuelle Studie wirft ein äußerst schlechtes Licht auf uns: Frauen beurteilen Frauen nämlich auch nach der Figur, das hat die US-Wissenschaftlerin Rebecca Puhl von der Yale-Universität herausgefunden. Ihre Studie brachte ans Licht, welche unbewusst gespeicherten Vorurteile wir abrufen, wenn wir eine andere Frau betrachten.

Die Studien-Teilnehmerinnen bekamen Fotos vorgelegt, anhand derer sie Körperformen bestimmte Qualitäten zuordnen sollten. Das Ergebnis: Es gab nicht nur die bekannte Stereotypisierung übergewichtiger Frauen, auch Schlanke wurden klischeehaft bewertet. Im Vergleich zu dünnen Frauen wurden dickere zum Beispiel sechsmal häufiger als langsam bezeichnet, siebenmal häufiger als undiszipliniert und zehnmal häufiger als faul. Dünne wurden dagegen als eingebildet, oberflächlich, verbissen und eitel abgestempelt.

Das Gewicht sei unter Frauen einer der letzten akzeptierten Vorurteilslieferanten, so Puhl. Körper gleich Charakter, heißt die schlichte Formel des unwürdigen Bewertungsprogramms, das wir alle verinnerlicht haben. Und prominente Frauen bieten die ideale Projektionsfläche: Die dünne Victoria Beckham ist selbstverständlich eine Zicke, und Beth Ditto von der Band Gossip ist sicher eine Schlampe mit großem Minderwertigkeitsgefühl – wie sonst hat sie so fett werden können?

Ich kann recht unbekümmert über dieses Thema sprechen, da ich selber alle Gewichtsklassen durchlebt habe. Als ätherisch Zarte und später als Kurvige mit den Maßen der jungen Marilyn hatte ich jede Menge Bewunderer. Die sich allerdings verzogen, als ich in die molligen Gefilde abdriftete. In dieser Phase hörte ich von Frauen immer wieder gut gemeinte Ratschläge wie: »Du hast so ein hübsches Gesicht, schau doch, dass auch der Körper dazu passt«, oder: »Wenn du zehn Kilo leichter wärst, würdest du wie ein Topmodel aussehen.« Mit Genugtuung erzähle ich an dieser Stelle, dass ich mit einigen Kilo über dem Modelgewicht auf der Straße von der Besitzerin einer arrivierten Modelagentur angesprochen wurde und noch heute in ihrer Kartei bin. Zineta, die mich damals angesprochen hatte, antwortete auf meine Frage »Bin ich nicht zu dick, um zu modeln?« mit: »Wenn du dich in deinem Körper wohlfühlst, dann bist du perfekt für den Job.« Bei meinem ersten Shooting als Model ging mein Selbstbewusstsein allerdings kurz mal flöten. Ich stand in Unterwäsche zwischen Kolleginnen, die altersmäßig meine Töchter hätten sein können und die garantiert zwei Kleidergrößen weniger trugen als ich. Doch die Befangenheit legte sich schnell, denn ich merkte, dass viele der Mädels genauso unsicher waren wie ich.

Auch als ich in der untersten Gewichtsklasse angekommen war, bekam ich wieder Sprüche zu hören. »Pass auf, dass du nicht magersüchtig wirst!«, oder: »Mehr abnehmen darfst du jetzt nicht mehr, sonst leidet dein Gesicht!« Es gibt also fast immer etwas an mir rumzumäkeln. An der Figurdiskussion hat sich in den letzten Jahrzehnten also nichts geändert, sie spitzt sich durch die Social Media sogar zu. Das ist ärgerlich. Aber es gibt auch Anlass zur Hoffnung. Kürzlich erzählte mir Sarah, die dreizehnjährige Tochter einer Freundin, dass sie wegen ihrer rundlichen Figur im Netz gemobbt werde. Sie hat bewundernswert selbstbewusst mit dem Facebook-Post gekontert: »Lieber weiche Oberschenkel als eine weiche Birne.«

»Ich will in meine Essenz kommen«

Die Kämpferin – das Leben selbst in die Hand nehmen: Jeannette Voltz, 63, Journalistin

Ganz schmerzlos war das Älterwerden für Jeannette bisher nicht. Noch vor kurzem verschwieg sie, wann immer möglich, ihr Alter, und es war ihr eine ziemliche Genugtuung, wenn sie jünger geschätzt wurde. »Ich wollte nicht auf eine Zahl reduziert werden«, sagt die Luzerner Journalistin, die bei einer Wochenzeitung arbeitete. Doch vor zwei Jahren hat sich plötzlich etwas geändert: »Ich begann mich zu akzeptieren. Das hat mich lockerer gemacht, und meine Ausstrahlung ist positiver.« Früher ließ sie sich beispielsweise nur ungern fotografieren, da sie sich für total unfotogen hielt. Heute macht sie begeistert Selfies. »Da bin ich manchmal wie ein Teenager. In Bezug auf mein Selbstvertrauen habe ich allerdings auch einiges nachzuholen.«

Es ist kaum zu glauben, dass sie diesbezüglich einmal Probleme hatte. Sie ist groß, attraktiv, mit Rundungen am richtigen Ort. Viele Frauen würden sie um ihre schönen langen, kastanienbraunen Haare beneiden, und ihre Augen müssen den

Vergleich mit denen von Audrey Hepburn nicht scheuen. Ihr Äußeres ist gepflegt, die Garderobe sportlich-elegant. Sie ist eine gut aussehende, selbstbewusste Frau. Dieses Selbstbewusstsein aufzubauen, war für sie jedoch ein langer Kampf. »Viele Jahre meines Lebens fühlte ich mich unsicher, hatte Angst vor dem Vergleich mit anderen Frauen«, sagt die 63-Jährige. »Ich brauchte immer Bestätigung von außen, um mich gut zu fühlen.« So sei sechzig werden für sie »der pure Horror« gewesen. »Ich dachte, jetzt ist das Leben gelaufen.« Vor diesem Geburtstag war sie sogar für ein paar Tage aus der Schweiz geflüchtet, »ich wollte von niemandem darauf angesprochen werden«.

Diese Phase um die sechzig war für die Mutter zweier erwachsener Kinder sehr schwierig. »Ich hatte mein ganzes Leben nur für andere gesorgt und meine Bedürfnisse hintangestellt.« Als ihr Mann, von dem sie schon länger getrennt lebte, schwer erkrankte, war es für sie selbstverständlich, dass sie sich um ihn kümmerte. Im Sommer 2014 starb er. »Ich stand immer Gewehr bei Fuß und bin keiner Verantwortung ausgewichen«, stellt Jeannette fest. Nicht nur privat war sie gefordert, auch beruflich geriet sie unter massiven Druck. Sie war eine sehr engagierte Journalistin, doch an ihrem Arbeitsplatz setzte man zunehmend auf »jünger und billiger«. »Das hat mir schwer zu schaffen gemacht. Aber ich bin kein ›Jammeri‹ und habe einfach weiterhin alles gegeben.« Das reichte jedoch nicht, und sie verlor ihren Job. Ein herber Schlag für die damals 59-Jährige, denn sie liebte ihren Beruf.

All das führte dazu, dass sie mit ihrer Energie bald am Anschlag war. »Ich fragte mich immer öfter: Wer bin ich, und was will ich noch vom Leben?« Sich dessen bewusst zu werden, sei kein einfacher Prozess gewesen, zumal sie relativ spät begonnen habe, sich damit auseinanderzusetzen, sagt Jeannette, das habe sich jetzt gerächt. »Früher war mir alles andere wichtiger: der Erfolg, die Bestätigung von außen, das Aussehen.« In vielen Gesprächen und mithilfe einer Therapie fand Jeannette heraus, dass sich das mangelnde Selbstwertgefühl wie ein roter Faden durch ihr Leben zog und dass es jetzt Zeit war, sich dieses Problem einmal genauer anzuschauen.

»Früher war ich schicksalsergeben, heute nehme ich die Dinge selber in die Hand. In der Zeit, in der ich glaubte, mit meinen Kräften am Ende zu sein, merkte ich, dass ich viel stärker war, als ich dachte. Und dass mein Umfeld mich auch liebt, wenn ich den ›Chare‹ einmal nicht ziehe. Im Gegenteil, ich lernte, dass ich auch mal schwach sein durfte. Die Zügel aus der Hand zu geben, war nicht einfach, aber eine gute Erfahrung.« Ihre Zähigkeit, gepaart mit Disziplin, sei ein Erbe ihrer Mutter, die eine »Stehauffrau« gewesen sei. »Als sie mit 89 Jahren Witwe wurde, sagte sie: ›Jetzt fang ich noch mal von vorn an.‹ Und was meiner Mutter mit fast neunzig gelang, sie begann, Englischstunden zu nehmen, schaffe ich mit 63 auch«, sagt Jeannette.

»Eine meiner großen Freuden sind heute meine Kinder, die 36-jährige Catherine und der 32-jährige Jean-Claude.« Selbst die Vorstellung, Großmutter zu werden, schreckt sie heute nicht mehr, hier hat sich ein innerer Wandel vollzogen. Früher hoffte sie, dass ihre Kinder sich mit dem Nachwuchs möglichst viel Zeit ließen, denn sie wollte nicht wieder eingespannt werden. Inzwischen glaubt sie, dass sie sich in dieser Rolle durchaus wohlfühlen könnte. »Ich hätte Freude daran, hin und wieder auf ein Enkelkind aufzupassen«, sagt sie und lacht herzlich, »mit der Betonung auf ›hin und wieder‹!«

Jeannette setzt auf Weiterentwicklung: »Ich möchte mit zunehmendem Alter in meine Essenz kommen. Das heißt, ich will mich auf Dinge fokussieren, die mir guttun und mich innerlich weiterbringen.« Ihr nächstes Ziel ist, ein Buch zu schreiben über »Herzensangelegenheiten«: Porträts von Menschen, die in ihrem Leben das umsetzen, was ihnen am meisten bedeutet. Sie selbst hat inzwischen ihr privates Glück gefunden, einen Mann, mit dem sie sich vorstellen könnte, »etwas Neues aufzubauen«. Doch die Beziehung sei noch in der Anfangsphase, da wolle sie die Dinge nicht zerreden. Und während sie von der neuen Liebe spricht, strahlt sie wie ein Teenager, und ihre Rehaugen leuchten. Das Verliebtsein trägt sichtlich zu ihrem Wohlbefinden bei. »Nur weil man sechzig ist, hört das Begehren ja nicht auf. Ich fühle mich erstmals seit langem wieder rundum als Frau.« Begehren und begehrt werden, aktiv bleiben, das Leben selbst in die Hand nehmen: All dies ist ihrer Meinung nach im Alter ungemein wichtig.

In der neuen Partnerschaft will sie die Fehler von früher – beispielsweise immer nur für andere da sein – nicht wiederholen. Heute ist sie sich selber am wichtigsten. »Dieser gesunde Egoismus macht nicht nur mich zufriedener, auch mein Umfeld profitiert davon. Im vergangenen Jahr habe ich zu mir gefunden«, sagt sie. »Ich weiß jetzt, was ich will und was nicht. Ich habe jetzt noch vielleicht zwanzig gute Jahre vor mir, und die will ich nutzen. Ich will mir kleine Freuden gönnen, reisen, gut zu mir schauen und es mit der Familie und mit Freunden schön haben.« Und seit kurzem arbeitet sie auch wieder – sie hat sich als Journalistin selbständig gemacht.

Für Jeannette war es auch in schweren Tagen selbstverständlich, sich nicht hängen zu lassen. Selbst wenn das Geld knapp war, ging sie zum Coiffeur oder leistete sich etwas Schönes zum Anziehen. »Wenn ich alte Fotos von mir anschaue, gefalle ich mir heute besser als vor zehn Jahren«, sagt sie. Wichtig ist ihr auch, im Alter den eigenen Stil nicht zu verlieren. Sie möchte ihre schlichte sportliche Eleganz beibehalten. »Ich werde nie eine patente Alte mit weißen Haaren, beigem Regenmantel und Dreiviertelhosen. Da halte ich es wie meine Mutter: Sie war eine Dame, bis zuletzt.«

Sag nie nie!

Mit zwanzig malte ich mir das Leben in den schönsten Farben aus. Ich hatte hochfliegende Pläne und äußerst klare Vorstellungen davon, wie meine Zukunft auszusehen hatte: Ich würde mit dreißig glücklich verheiratet, in meinem Teilzeit-Job als Kindergärtnerin zufrieden und Mutter sein. Zu dieser Zeit besuchte ich einen Astrologen. Meine Freundin hatte mich mitgeschleppt, obwohl ich eigentlich nichts von Zukunftsdeutung hielt. Er sagte mir voraus, dass ich in späteren Jahren ein höchst unkonventionelles Leben führen würde, beruflich wie auch privat.

Ich war empört. Ich wollte kein unkonventionelles Leben, im Gegenteil. Ich suchte nicht nach Freiheit und wollte keine Experimente machen, sondern in Sicherheit und Konstanz leben. Erst viel später, so der Astrologe, würde ich erkennen, wie sehr ich von meiner katholischen Erziehung geprägt sei. Heute lache ich, wenn ich an meine vollmundigen Aussprüche von damals zurückdenke. »Ich gehe nur mit einem Mann ins Bett, den ich mir auch als Vater meiner Kinder vorstellen kann«, verkündete ich selbstgefällig, wenn eine Freundin wegen einer Affäre Liebeskummer hatte.

Vor allem aber hatte ich eine klare Vorstellung davon, was mir im Leben nie passieren würde. Schließlich war ich der Prototyp einer anständigen und angepassten jungen Frau. Und ehrlich gesagt war ich auch ein bisschen stolz auf mein stromlinienförmiges Leben, das bis dahin ohne Hochs und Tiefs ziemlich ereignislos verlaufen war. Während viele meiner Kolleginnen in ihrer Teenagerzeit rebelliert hatten, verbrachte ich meine Abende am liebsten zu Hause. Ich begehrte nie auf und hatte auch nie das Bedürfnis, über die Stränge zu schlagen. Sollten doch die anderen ihre Erfahrungen mit Männern, Alkohol und Drogen machen; ich verkroch mich lieber mit meinen geliebten Büchern und Magazinen unter der Bettdecke. Lesen war meine ganze Leidenschaft. Hier konnte ich meine Träume und Fantasien ausleben und musste mich nicht mit der Realität auseinandersetzen.

Vielleicht bestrafte Nemesis meine jugendliche Selbstgefälligkeit, aber tatsächlich würde mir in den nächsten Jahren all das passieren, was ich mit zwanzig weit von mir gewiesen hatte.

Mein Vorsatz:
Nie einen sehr viel älteren Mann daten.

Die Realität:
Mit 25 begegnete ich meiner ersten großen Liebe. Er war 23 Jahre älter und verheiratet. Wir blieben sieben Jahre zusammen. Natürlich waren meine Eltern gegen diese Beziehung. Es war eine ereignisreiche, auch anstrengende Zeit, in der ich viele meiner jugendlichen Versäumnisse nachholte.

Mein Vorsatz:

Nie einen viel jüngeren Mann daten.

Die Realität:

Ich war 44, er 28. Und ich lebte in einer langjährigen Beziehung, die ich nicht aufgeben wollte. Das war eine Zerreißprobe für alle Beteiligten und brachte mir die Erfahrung, dass man zwei Männer gleichzeitig lieben kann. Wegen dieser unkonventionellen Lebensweise wurde ich beneidet und verurteilt. Für mich war diese Phase aber vor allem eines: sehr anstrengend.

Mein Vorsatz:

An Abtreibung nicht einmal denken.

Die Realität:

Ich war schon über vierzig, als ich das erste und einzige Mal in meinem Leben schwanger wurde. Ich befand mich in einer äußerst schwierigen Lebenslage und wusste nicht mehr ein noch aus. Den Gedanken an eine Abtreibung hatte ich in der Tat, aber ich entschied mich schließlich für das Kind, obwohl es vom zukünftigen Vater nicht erwünscht war. Ich verlor den Fötus im vierten Monat.

Mein Vorsatz:

Nie einen gut bezahlten Job aufgeben, ohne eine Alternative zu haben.

Die Realität:

Ich bekam einen neuen Chef. Er mochte mich nicht und wollte mich mit einem schlechten Vertrag abfertigen. Ich kündigte noch am gleichen Tag, obwohl ich keinerlei finanzielle Rücklagen und auch keine Aussichten auf einen neuen Job hatte. Woher ich diesen Mut nahm, weiß ich bis heute nicht. Aber diesen Schritt habe ich nie bereut.

Mein Vorsatz:

Immer eine finanzielle Rücklage haben.

Die Realität:

Meinem Sternzeichen Krebs sagt man eine gewisse Zurückhaltung beim Geldausgeben nach. Als junge Frau entsprach ich dem Bild der fleißigen Sparerin perfekt. Doch irgendwann merkte ich, dass es Spaß macht, Geld auszugeben; für andere und für sich selber. Das führte dazu, dass ich einige Male während meines Berufslebens total blank war und mich tagelang von Spiegeleiern mit Brot ernähren musste. Doch ich blieb immer optimistisch. Und siehe da: Der Geldstrom begann wieder zu fließen.

Mein Vorsatz:

Nie die Eltern um Hilfe bitten.

Die Realität:

In jungen Jahren war ich nicht nur ziemlich stolz, sondern trug auch die Nase ziemlich hoch – meine Probleme machte ich mit mir selber aus. Und die Eltern um Hilfe zu bitten, war ein No-Go. Doch mit dreißig hatte ich schrecklichen Liebeskummer und hielt es allein in meiner Wohnung nicht mehr aus. Ich schlüpfte bei meinen Eltern unter und ließ es zu, dass sie sich liebevoll um mich kümmerten. Ein Schlüsselerlebnis: Seither weiß ich, wie wundervoll es ist, sich während schwerer Zeiten auch mal tragen zu lassen. Heute sind es mein Liebster und Freunde, bei denen ich mich fallen lassen kann.

Mein Vorsatz:
An einmal gefassten Entschlüssen festhalten.

Die Realität:
Das Aufgeben eines Plans, einer Vision oder eines Menschen ist eine bittere Sache. Für mich eine der bittersten. Denn ich bin eine Kämpferin. Aber es gibt Situationen, wo es nicht anders geht. Manchmal sind Beziehungen so chaotisch und verletzend, dass man sie beenden muss, auch wenn man vorher um sie gekämpft hat wie eine Löwin. Oder man hält an einem Job fest, obwohl man gemobbt wird oder die Lage anderweitig aussichtslos ist. Und manchmal muss man sich von einem Lebenstraum verabschieden, weil man schlicht zu alt geworden ist, um ihn sich zu erfüllen. Diesen Realitäten ins Auge zu schauen, ist manchmal äußerst schmerzhaft, kann aber auch den Blick wieder frei machen für Neues. Mit zwanzig dachte ich, dass das alles nur leere Worte seien, heute weiß ich: Für jede Tür, die zugeht, öffnet sich eine neue.

Mein Vorsatz:
Mit fünfzig habe ich es geschafft.

Die Realität:
Mein Leben ist immer noch eine Baustelle. Nicht, dass alles zusammenkracht, wenn mal eine starke Böe kommt. Nein, das Fundament steht, aber ansonsten ist Flexibilität gefragt. Ich habe es schon lange aufgegeben, mir genau vorzustellen, wie die Dinge zu laufen haben, sie nehmen meist ihre ganz eigene Richtung. Auch punkto Pläne schmieden bin ich vorsichtig geworden. Denn das Leben geschieht bekanntlich, während man darüber nachdenkt. Meine Selbstgefälligkeit ist einer gewissen Demut gewichen. Ich bin dankbar, wie ich heute leben darf und welche Richtung mein Schicksal genommen hat. Und ja, der Astrologe hatte recht: Mein Weg war in vielen Belangen unkonventionell, jedenfalls aus Sicht einer braven Zwanzigjährigen. Und eines ist sicher: Ich sage nie mehr wieder »Das passiert mir sicher nicht!«.

»Ich koste mein Leben aus, bis zuletzt«

Die Wissbegierige – jeden Tag etwas Neues: Edith Schmidt, 64, ehemalige Geschäftsfrau

Edith Schmidt ist eine Frau der klaren Worte. »Mit sechzig habe ich mir gesagt: Jetzt mache ich nur noch das, was mir Spaß macht.« Und genau nach diesem Motto lebt sie heute. »Ich habe gemerkt, dass ich viel Zeit für mich allein brauche, und die nehme ich mir«, sagt die 64-Jährige, die drei Töchter und zwei Stieftöchter großzog und daneben ihren Mann, einen erfolgreichen Unternehmer, im Geschäft unterstützte. »Ich war die unsichtbare helfende Hand im Hintergrund.«

Die Vormittagsstunden verbringt Edith zu Hause in Zollikon, im Pyjama. Sie liest, schreibt Briefe und E-Mails, »plämperlet ume«, frönt dem Müßiggang. »Mein Tag beginnt erst am Mittag, vorher will ich mich mit niemandem unterhalten. Auch nicht mit meinem Mann.« Die Einzige, für die sie sich dann Zeit nimmt, ist ihre zwei Monate alte Enkelin Sophie Emma. »Für sie bin ich immer da.«

Es macht Freude, Edith anzuschauen. Sie ist eine jener Frauen, die alle Blicke auf sich ziehen, wenn sie eintreten. Groß, schlank und exquisit angezogen, strahlt sie Selbstbewusstsein und Zufriedenheit aus. Und auch einen gewissen Wohlstand. Man sieht auf den ersten Blick: Hier kommt eine weltoffene Frau, der man kein X für ein U vormachen kann. Das weiße lange Haar – »mein Markenzeichen« – ist straff zurückgebunden. Die kräftig rot geschminkten Lippen sind der einzige Farbtupfer in ihrem Gesicht. Sie tritt elegant auf, in dunkler Hose, weißer Bluse und mit schwerem Goldschmuck; dennoch wirkt sie nicht unnahbar, sondern herzlich und offen. Trotz ihres gehobenen Lebensstandards ist Edith eine Frau, die immer mit angepackt hat und ihren Sechs-Zimmer-Haushalt auch heute noch ohne Putzfrau schmeißt.

Dreißig Jahre ist Edith schon mit ihrem Mann verheiratet. »Als er mit 64 Jahren pensioniert wurde, standen wir plötzlich vor einem Problem«, erzählt sie. »Vorher war er immer unterwegs und auf einmal ständig zu Hause. Das hat mich total eingeengt.« Sie spricht offen über diesen Konflikt, den viele Paare kennen. In dieser Phase, als fast nichts mehr ging, hatte ihr Mann die Idee zu einer gemeinsamen Weltreise. »Wir beide wussten, dass das ein Risiko war.« Und auch den Kindern war klar: Entweder raufen sich die Eltern auf dieser Reise zusammen, oder es wird schwierig werden. Edith Schmidt weiß, dass sie privilegiert ist. »Andere Paare müssen ihre Schwierigkeiten im Alltag austragen, wir konnten sieben Wochen lang um die Welt fliegen.«

Und es funktionierte: Die beiden, die nie für länger allein miteinander waren – Edith hatte einen Witwer mit zwei kleinen Kindern geheiratet –, holten ihren Honeymoon nach. »Wir genossen die gemeinsame Zeit und alles, was wir zusammen erlebten.« Absprachen waren dazu allerdings schon nötig. »Wir sind beide Alphatiere, deshalb haben wir abgemacht, dass wir abwechselnd das Programm bestimmen.« Als sie wieder nach Hause kamen, wussten sie: »Wir können miteinander.« Und das bestätigte sich dann im Alltag. Auch die häuslichen Pflichten sind aufgeteilt: »Er kocht, ich putze und bügle.«

Edith Schmidt, die heute während dreier Monate im Jahr mit ihrem Mann in Kapstadt wohnt, beschreibt diesen als »kräftigen Macho, der sich in der klassischen Rollenverteilung sehr wohlfühlt«. Dass sie aber keine klassische Hausfrau ist, war in unserem Gespräch schon nach wenigen Minuten klar. Diese Frau begegnet ihrem Mann auf Augenhöhe und vernachlässigt trotz aller Pflichten ihre eigenen Bedürfnisse nie. Edith interessiert sich brennend für Politik, sie schaut am liebsten Diskussionssendungen, liest viel, führt im Internet einen Blog, mailt und telefoniert gern mit Freunden und Kollegen. »Ich muss immer kommunizieren und den Dingen auf den Grund gehen«, sagt sie; außerdem lernt sie Russisch – »ich habe eine russische Seele« –, reist für ihr Leben gern und spielt regelmäßig Golf.

Obwohl Edith Schmidt gern Leute um sich hat, ist es für sie sehr wichtig, »unabhängig zu sein«. Auch vonseiten ihrer Freunde vertrage sie keinerlei Druck und Drängelei, »nur mein Mann, meine Kinder und meine Enkelin dürfen mich in meinem Tagesablauf stören«, sagt sie ernst, da sei sie sehr egoistisch geworden. »Die Zeit läuft und ich mit ihr.«

Bekommt sie für ihr gutes Aussehen viele Komplimente? »Letzthin sagte eine junge Frau zu mir: ›Ihnen stehen die Falten aber gut.‹ Bis dahin hatte ich mich noch gar nicht mit meinen Falten auseinandergesetzt«, sagt sie ohne Koketterie. »Als junge Frau war ich übrigens ein naives Landei. Heute gefalle ich mir besser. Oder sagen wir es so: Ich habe mich mit mir angefreundet.«

Diese Freundschaft zeigt sich unter anderem auch in einer sorgfältigen Pflege. Da Edith unter Psoriasis, also Schuppenflechte, leidet, muss sie ihre Cremes mit Bedacht aussuchen; außerdem geht sie regelmäßig zur Kosmetikerin und in den Spa. Würde sie sich einer Schönheits-OP unterziehen? Energisch schüttelt sie den Kopf. »Kein Thema für mich!« Dass sich immer mehr junge Frauen operieren lassen, findet sie »dekadent«. »Ich verstehe es, wenn man unter etwas leidet, wie einer riesigen Nase oder einer Narbe; aber sich quasi ohne Grund unters Messer zu legen, das verstehe ich nicht.« Dann erzählt sie, dass sie kürzlich eine junge Frau getroffen habe, die sich über ihren zu kleinen Busen beklagte und »ganz neidisch auf meine Oberweite war. Dieser Frau habe ich gesagt, dass ich drei Kinder geboren habe und immerhin fünfzehn Kilo schwerer sei als sie, dass sie also genießen solle, was sie habe!« Sie lacht herzlich, und ihre selbstironische Art blitzt auf.

Hat sie wirklich keine Probleme mit dem Älterwerden? »Meine Großmutter wurde 96 Jahre alt. Ich habe vor, genauso alt zu werden. Die nächsten dreißig Jahre gehören mir!«, sagt Edith selbstbewusst. Doch auch wenn sie »früher abtreten« müsse, habe sie damit kein Problem, »denn ich hatte es sehr schön«. Überhaupt nicht infrage komme »ein Leben auf Sparflamme, nur damit es ein paar Jährchen länger dauert. Ich koste mein Leben aus, hoffentlich bis zuletzt!«

Warten auf das ganz große Kino

Mein Liebster und ich sitzen beim Abendessen gern in der Küche. Im Hintergrund plätschert dann leise Radiomusik. Am Dienstagabend hören wir immer mit halbem Ohr das »Reggae Special« auf SRF 3. Nicht, dass wir besondere Fans dieser Stilrichtung wären, aber die Klänge geben uns ein gutes Gefühl, weil sie an unbeschwerte Tage erinnern. Bei einem Glas Wein sagt dann meistens einer von uns: »Verrückt, schon wieder Dienstag.« Die Wochen fliegen so rasch dahin, dass ich inzwischen nachempfinden kann, was meine Mutter meinte, wenn sie sagte: »Je älter ich werde, desto schneller vergeht die Zeit.«

Die verbleibende Zeit wird immer knapper, und es braucht ziemlich viel Urvertrauen, um nicht in hysterischen Aktionismus zu verfallen angesichts all der Dinge, die man noch machen möchte. Obwohl ich aufgehört habe, große und vor allem längerfristige Pläne zu schmieden – das Leben hat mir diesbezüglich oft einen Strich durch die Rechnung gemacht –, schleicht sich manchmal der Gedanke ein: Und wann bitte beginnt das richtige Leben? Damit meine ich nicht die kleinen Sorgen, Nöte und Freuden, sondern die tollen Erlebnisse, die großen Gefühle, das volle Programm halt, auf das man wartet, während der Alltag einen in Beschlag nimmt. Immer wieder einmal denke ich: »Das Leben läuft vor mir ab, und ich bin gar nicht dabei.«

Ja, ich bin eine undankbare Natur. Draußen toben Kriege, Menschen sind auf der Flucht, Kinder sterben, und ich sitze in der warmen Stube mit meinem Liebsten und habe es gut. Meistens bin ich auch zufrieden damit. Trotzdem sehne ich mich manchmal nach den überbordenden Glücksgefühlen, die das Leben so lebenswert machen, nach dem ganz großen Kino. In Phasen, in denen mir die Zeit wie Sand durch die Finger rinnt, ohne dass etwas Bedeutungsvolles passiert, denke ich: »War das jetzt alles? Da muss doch noch was kommen! Das Vorprogramm könnte jetzt langsam enden und die Hauptvorstellung beginnen.« Ich weiß, dass man im Erwachsenenleben akzeptieren muss, dass einem nicht mehr jede Tür offensteht. Natürlich gehen neue auf, aber es gibt welche, die für immer verschlossen bleiben. In meinem Fall waren das die Kinder, die ich mir gewünscht hatte, die langen Reisen, die Karriere als Schauspielerin, die ich mir ausgemalt hatte.

Das mit den Kindern sollte wohl einfach nicht sein. Und meine Panikattacken verhinderten Reisen in weite Fernen, und, nun ja, ob ich das Talent oder den Biss gehabt hätte, Schauspielerin zu werden – ich weiß es nicht. Als ich damals zur Aufnahmeprüfung ans Zürcher Schauspielhaus musste, packte mich ein ganz übler Magen-Darm-Virus: der sogenannte 24-Stunden-Noro-Virus, der sich just am Vorabend meines Vorsprechens einstellte und am Abend darauf wieder verschwunden war.

Früher habe ich mir mein Leben immer in den buntesten Farben ausgemalt. Schwarz und Grautöne hatten darin keinen

Platz. Als Teenager wartete ich sehnlichst darauf, endlich erwachsen zu werden, um all die Dinge tun zu können, die mir nicht erlaubt waren: kurze Röcke tragen, rauchen und möglichst vielen Tieren ein Zuhause geben. Als junge Frau konnte ich es dann nicht erwarten, beruflich richtig durchzustarten. Eine steile Karriere würde mir ein glanzvolles Leben ermöglichen, da war ich sicher. Ich war Weltmeisterin im Pläneschmieden, für das Umsetzen nahm ich mir dagegen Zeit oder ließ es gleich ganz bleiben.

Ich war Anfang zwanzig, als ich mit Clemens und seiner Freundin Iris zusammensaß. Es war ein gemütlicher Winterabend, und wieder einmal sprachen wir über all die Dinge, die wir vorhatten. Mit dem kleinen Unterschied, dass Clemens und Iris in zwei Wochen ihre geplante USA-Rundreise antreten würden, während ich nur große Reden schwang, welche Länder ich in Zukunft bereisen wollte. Natürlich nicht die USA, das war mir viel zu gewöhnlich, schließlich war ich mit siebzehn Jahren bereits in New York gewesen. Ich wollte fremde Länder entdecken: Indien, Bali oder Alaska! Natürlich erst, wenn ich meine Panikattacken überwunden hätte, was sicher bald der Fall sein würde. In meiner Rolle als künftige Weltenbummlerin fühlte ich mich ausgesprochen wohl, bis Clemens ziemlich trocken sagte: »Ich kenne niemanden, der so viel machen möchte, es aber nie tut.« Aua, das saß.

Ich war verletzt, aber natürlich spürte ich, dass Clemens recht hatte. Als enger Freund wusste er, dass ich eine ellenlange Liste mit Zukunftsprojekten führte, auf der auch so profane Dinge standen wie abnehmen oder Spanisch lernen. Ich schaffte es selten, meine großen und kleinen Vorhaben in die Tat umzusetzen. Es war angenehm, in der sicheren Komfortzone von

Abenteuern zu träumen, »Vögel im Kopf« zu haben, die nur darauf warteten, in die verheißungsvolle Freiheit entlassen zu werden. Und ich war ja noch jung und hatte Zeit, viel Zeit.

Heute bin ich bezüglich des Ausmalens der Zukunft sehr viel realistischer, meine Wünsche sind bescheidener. Aber tief drinnen sitzt immer noch das Kind, das ganz naiv fragt: »Und wann gehts richtig los?« Dieses Gefühl stellt sich meistens ein, wenn ich die Wäsche zusammengefaltet, die Rechnungen einbezahlt, die Einkäufe gemacht und die Hunde gefüttert habe. Also neben der Arbeit all die Dinge erledigt habe, die mir tagtäglich die Zeit wegfressen. Was aber, wenn diese Pflichten wegfielen und ich endlich mehr Zeit für mich und die Umsetzung meiner Wünsche hätte? Würde ich diese freie Zeit dann wirklich nutzen? All die Dinge machen, von denen ich früher geträumt habe? Um ehrlich zu sein, ich glaube nicht. Wenn mir das alles wirklich so wahnsinnig wichtig gewesen wäre, dann hätte ich es gemacht. Ich hätte ein Auslandssemester in Spanien verbracht, mein eigenes Tierheim eröffnet, Schauspiel studiert … Was aber hinderte mich, all dies in die Tat umzusetzen? Bequemlichkeit, fehlender Mut, mangelndes Selbstbewusstsein? Wohl eine Mischung aus allem. Ich habe immer Leute bewundert, die ein einziges, riesiges Talent haben, die wissen, welches ihr Weg ist, die an ihren Fähigkeiten arbeiten und dann Höchstleistungen erbringen. Ich dagegen konnte vieles ein bisschen, aber nichts richtig gut. Das bot viel Platz für Sehnsüchte und Wünsche. Und sie blühten prächtig.

Da ich es nicht ausprobiert habe, werde ich wohl nie wissen, ob ich wirklich eine gute Schauspielerin, eine kämpferische Tieraktivistin oder eine abenteuerlustige Weltenbummlerin geworden wäre. Zu spät, sagt eine traurige Stimme im Kopf. Aber wer sagt eigentlich, dass für all das die Zeit abgelaufen ist? Natürlich, die klassische Mutterrolle kann ich vergessen, aber ich kann ja meine mütterlichen Gefühle meinen Nichten und Neffen und meinen Hunden zukommen lassen.

Vielleicht sollte ich wieder anfangen, größere Pläne zu schmieden – im Unterschied zu früher aber nicht mehr in leuchtendem Technicolor, sondern in sanfteren Tönen. Und ich sollte mich nicht wieder in Träumen verlieren, sondern mir meine Wünsche auch erfüllen. Trotz voller Agenda. Dann wird vielleicht aus dem einstmals erträumten Auslandssemester ein dreiwöchiger Sprachaufenthalt. Und statt ein Tierheim zu eröffnen, könnte ich einen weiteren Hund aus einer der vielen Tötungsstationen retten und bei mir aufnehmen. Und die Reise nach Bali? Die hab ich soeben gebucht.

»Ich will bis zum letzten Atemzug lernen«

Die Suchende – mit offenem Herzen und scharfem Verstand: Christine Bengel, 66, Numerologin

»Das Richtige passiert zum rechten Zeitpunkt«, ist die Würzburgerin, die seit zehn Jahren im Toggenburg lebt, überzeugt. Trotzdem ist Christine Bengel, elegant in dunklem Hosenanzug und heller Bluse, alles andere als fatalistisch. Sie hatte ihr Leben in die eigenen Hände genommen und war der Berufung gefolgt: Seit Ende der 1980er-Jahre berät sie als Numerologin Privatpersonen und Firmen. Inzwischen ist sie eine der führenden Spezialistinnen auf diesem Gebiet, und wer ihre Vorlesungen und Seminare besucht, schätzt sie wegen ihres Scharfsinns, ihrer Redegewandtheit und ihrer Herzlichkeit.

»Numerologie ist die Lehre von den Zahlen«, erklärt Christine Bengel, »denn diese haben eine eigene Aussagekraft. So offenbart die Kombination der Zahlen des Geburtsdatums und der Buchstaben des Namens Eigenschaften und den Charakter der betreffenden Person und lässt Aussagen über deren aktuelle Lebenssituation und die zukünftige Entwicklung zu.« Die Zahl ist also das Maß aller Dinge. Christine Bengel, die in Griechenland Pädagogik, Psychologie und Mathematik studiert hat, ist bei ihrer Arbeit die holistische Sicht wichtig: »Körper, Seele und Geist müssen in Einklang sein.« Ganzheitlich ist auch die Herangehensweise, wenn es gilt, Lösungen für Probleme zu finden oder etwa den richtigen Zeitpunkt für ein Projekt. »Ich wollte immer den Sinn des Lebens ergründen«, sagt die 66-Jährige beim Tee in der Lounge eines Zürcher Hotels. »Und ich wollte immer helfen. Ich brauche es, gebraucht zu werden.«

Allerdings wirkt sie nicht gerade wie eine Mutter Teresa. Dafür ist die hochgewachsene Brünette viel zu temperamentvoll und selbstbewusst. Bei ihren privaten Beratungen, die sie unter anderem in ihrem Büro in der Zürcher Innenstadt anbietet, spürt man die Intensität ihres Wesens am deutlichsten. Sie spricht konzentriert und stellt sich voll auf ihr Gegenüber ein. Halbe Sachen macht sie nicht. Sie ist überzeugt, dass alles zwei Ebenen hat: eine materielle und eine spirituelle.

Als Mutter zweier inzwischen erwachsener Töchter, Carina und Clara, war sie immer berufstätig. »Es kam durchaus vor, dass ich die Kinder, als sie noch klein waren, zu meinen Seminaren mitnahm«, erzählt sie. »Später wollten meine Töchter nicht, dass ich wegen ihnen zu Hause blieb, sie schickten mich quasi zur Arbeit.« Berechnet sie auch für ihre Kinder, wann für welche Entscheidung der richtige Zeitpunkt ist? »Früher habe ich das schon gemacht, heute rechne ich nur noch, wenn ich gefragt werde«, sagt sie und lacht, »ich greife nicht in ihr Leben ein.«

Andere Frauen ihres Alters genießen längst ihre Pension. Ist das für sie gar kein Thema? »Nein! Ich möchte bis zum letzten

Atemzug lehren und lernen, das ist mir sehr wichtig. Das Wort Ruhestand existiert für mich nicht.« Die nächsten Jahre stehen für Christine Bengel unter dem Motto »Neugierde und auf keinen Fall Stillstand«. Vor zehn Jahren gab es bereits einmal einen großen Aufbruch. Sie trennte sich von ihrem Mann (zu dem sie aber immer noch ein ausgezeichnetes Verhältnis hat) und zog zu ihrer neuen Partnerin ins Toggenburg. »Unser Haus ist immer voller Menschen, sie gehen hier ein und aus«, beschreibt sie ihr heutiges Zuhause, »und am glücklichsten bin ich, wenn viele junge Leute um mich herum sind.« Christine Bengel ist eine Frau, die man sich zur Freundin wünscht: zupackend, einfühlsam und humorvoll, ein sicherer Wert für jede Lebenslage.

So beweglich sie in ihrem Denken ist, so elastisch ist sie auch körperlich. »Natürlich merke ich, dass ich nicht mehr vierzig bin, allerdings nur selten.« Damit das so bleibt, setzt die ehemalige Leistungsschwimmerin auf gesunde Ernährung – sie ist Veganerin –, auf Naturkosmetik und Meditation; Letzteres braucht sie, um ihren manchmal »etwas unruhigen Geist zu zentrieren«. Wichtig ist es ihr auch, immer in Bewegung zu sein. »Stundenlang irgendwo herumzusitzen, ist mir ein Graus.« Christine Bengel ist einer der Menschen, die nicht nur aus sich selber Energie schöpfen können, sondern auch aus der Natur und aus ihren menschlichen Beziehungen. Über das Älterwerden sagt sie: »Der Körper altert, Geist und Seele bleiben jung.« Sie selbst fühlt sich an manchen Tagen noch immer wie ein Kind: neugierig und offen für alles, was um sie herum passiert. Und wenn das Älterwerden einmal gesundheitliche Probleme verursacht? »Ich gehe zu keinem Arzt«, sagt sie, »ich setze auf die Selbstheilungskraft und auf Naturmedizin – das hat bisher gottlob immer funktioniert. Bis jetzt hab ichs jedenfalls überlebt«, lacht sie, als sie meinen skeptischen Blick sieht.

Eine Angst hat sie aber dennoch: Sie fürchtet sich davor, eines Tages einmal der Schulmedizin ausgeliefert zu sein und nicht mehr selbst entscheiden zu können. »Das wäre wirklich schlimm«, sagt sie. »Und es wäre ein Horror für mich, wenn mich jemand versorgen müsste.«

Spuren von Salz und Tränen

Mit 21 entdeckte ich, dass mir mitten auf der Brust ein langes Haar wuchs. Es war zum Glück nicht schwarz oder borstig, aber auch ein blondes Haar auf der Brust ist ein Haar am falschen Ort. Als ich darauf meine damalige Frauenärztin besuchte, ein bezüglich Alter schwer einschätzbares Wesen, und sie auf das Problem ansprach, meinte sie nur süffisant: »Fräuleinchen, Sie werden halt jetzt erwachsen.« Nach dieser ziemlich dämlichen Antwort war ich das letzte Mal bei Frau Doktor Ochsenbein – der Name passte perfekt zu ihrer plumpen Art. Seither beschäftigt mich das Phänomen: Warum wachsen Haare eigentlich an falschen Orten?

Damals war es ein Brusthaar, heute sprießen die verhassten Härchen vereinzelt über der Oberlippe, am Kinn und sogar auf den Zehen. Dafür werden Augenbrauenhaare und Wimpern immer weniger. Beauty-mäßig ein Desaster. Das störte mich so, dass ich mir ein sauteures Wachstumsserum für Wimpern und Brauen gekauft habe. Es war im Hochglanzmagazin »Vogue« als Wundermittel vorgestellt worden und sollte innert sieben Wochen die Härchen zu neuem Wachstum anregen. Bis jetzt sehe ich noch keine Veränderung. Und nun hoffe ich sehr, dass das Mittelchen nicht dort Anschub leistet, wo es nicht sollte.

Als (ursprünglich) echte Blondine sind meine unerwünschten Haare zwar hell, aber trotzdem das Überflüssigste der Welt. Wenn ich mit dem Vergrößerungsspiegel und bei hellem Tageslicht auf die Suche nach deplatzierten Haaren gehe, fühle ich mich schon fast wie meine Großmutter, die sich, als sie im Spital lag, von meiner Mutter das Kinn nach unerwünschten Haaren absuchen ließ. »Lieber sterbe ich, als einen Damenbart zu züchten«, sagte sie. Sterben musste sie trotzdem, aber ohne verhassten Bart. Meine Mutter hatte ganze Arbeit geleistet.

Ich kann die Ängste meiner Großmutter bestens nachvollziehen. Für mich sind Haare am falschen Ort eines der schlimmsten Alterungszeichen. Klar, ich weiß, dass dieses Wachstum durch natürliche hormonelle Veränderungen im Körper ausgelöst wird; das macht es aber nicht sympathischer. Ich weiß noch, wie ich als Kind im Bus eine Frau sah, der die Sonne direkt ins Gesicht schien und so unzählige Härchen sichtbar wurden. »Du, Mami, wieso hat die Frau ein Fell im Gesicht?«, fragte ich meine Mutter unschuldig. Ihr war mein Kindermund natürlich oberpeinlich. Sie entschuldigte sich hastig (»Ich weiß nicht, wovon sie spricht«) und zerrte mich von der armen Frau weg. Haare im Gesicht? Ohne mich! Ich bin zwar nicht so extrem wie viele junge Frauen in Korea und Japan, die sich, einem neuen Trend folgend, sogar den Flaum vom Gesicht rasieren, um eine möglichst glatte Haut zu haben. Trotzdem setze ich mich mit jedem zur Verfügung stehenden Mittel gegen den unerwünschten Einzel-Haar-Wuchs zur Wehr: Es wird gezupft und gewachst, was das Zeug hält.

Andere Anzeichen des Älterwerdens weiß ich nonchalant zu übersehen, denn etwas Selbstbetrug schadet dem Ego bekanntlich nicht. Meine grauen Haare sehe ich selten bis nie, weil ich sie regelmäßig färbe. Und einen Ganzkörperspiegel besitze ich schon länger nicht mehr, so bleibt mir der Anblick meiner nicht mehr so straffen Körperteile erspart. Umso erschütternder ist dann allerdings, wenn ich beim Kauf eines Bikinis meinen bleichen Körper im grellen Licht der Umkleidekabine erblicke. So geschehen letzten Frühling. Der Schock war so groß, dass ich den damals erstandenen Bikini bis heute nicht getragen habe.

Selber schuld, könnte man jetzt sagen. Mach eben mehr Sport, kontrollier deine Ernährung, lös ein Waxing-Abo gegen die unerwünschten Haare, und versuch so, das Älterwerden möglichst lange hinauszuzögern. Leider wird aber die teure Anti-Aging-Creme, die ich selbstverständlich benutze, die Schwerkraft meiner Augenlider nicht stoppen können. – Aber was solls, eigentlich war ich ja schon immer ein Fan von Schlupflidern: Ich fand das leicht asiatische Aussehen der Schauspielerin Renée Zellweger alias Bridget Jones, bevor sie sich unters Messer legte, wunderbar. Sie offenbar nicht, sonst wäre sie heute noch zu erkennen.

Ich bin eine eitle Frau, aber nicht so eitel, dass ich Botox einsetzen würde, und ich liebe die Schauspielerin Jennifer Aniston für den Satz: »Ich werde mir keinen solchen Scheiß ins Gesicht spritzen lassen.« Für Hollywood ist das ein ziemlich cooler Ausspruch. Nebenbei: Ich finde es reichlich irre, wenn sich US-Schauspielerinnen vegan ernähren, sämtliche Kohlenhydrate meiden und einen auf Gesundheitsapostel machen – sich dann aber dieses Nervengift injizieren.

Ich habe das Glück, von Haus aus gute Anlagen zu besitzen. Dadurch, dass ich kein Klappergestell bin, habe ich eine ziemlich pralle Haut. Meine Schwachstelle ist allerdings mein für Falten anfälliger langer, dünner Hals. In etwa zehn Jahren wird er wie der einer Schildkröte aussehen. Die von mir verehrte Autorin Nora Ephron hat in ihrem Buch »Der Hals lügt nie« köstlich beschrieben, zu welcher Problemzone er werden kann und wie sie versucht, ihn mit Rollkragen und Tüchern zu kaschieren. So weit bin ich noch nicht, aber es ärgert mich schon, dass er langsam wie ein verknitterter Vorhang aussieht.

Manchmal ermüdet es mich, ständig verräterische Spuren überdecken zu müssen: Die zu kurze Nacht, das Glas Wein zu viel, die zu salzige Pizza, der tränenreiche Film – alles hinterlässt Spuren auf meinem Gesicht und meinem Körper. Ich gehe nicht mehr ungeschminkt zur Arbeit, nicht etwa, weil ich mich gern schminke, sondern weil ich keine Lust mehr habe, gefragt zu werden, ob ich krank sei. Es braucht Aufwand, fit zu bleiben oder wenigstens nicht ganz abzuschlaffen. Und so turne ich dreimal wöchentlich zu Hause fluchend auf meinem roten Mätteli – Übungen, die mir eine befreundete Personal Trainerin empfohlen hat.

Doch immer öfter regt sich in mir auch Widerstand gegen das Hohelied der Jugend, das unsere Gesellschaft so gern singt. Dann gehe ich ohne Make-up auf die Straße, denn eigentlich mag ich mich auch ungeschminkt. Und wenn ich in den Spiegel schaue, denke ich: »Mein Gesicht ist die Landkarte meines Lebens.« Jede Falte, jede Narbe, jeder Altersfleck erzählt meine Geschichte. Ich bin eben kein unbeschriebenes Blatt mehr, sondern ein Buch voller Erzählungen und Erinnerungen, und ich bin stolz, so vieles erlebt und überlebt zu haben.

Als mich kürzlich eine jung gebliebene Visagistin für ein Fotoshooting schminkte, flüsterte sie mir verschwörerisch zu: »Du hast so ein wunderschönes Gesicht und siehst zehn Jahre jünger aus, als du bist. Aber mach bitte etwas mit deinem Hals. Ich kann dir die Adresse eines super Arztes geben.« Ich schaute in ihr sehr straffes Gesicht und sagte: »Danke für das Kompliment, aber mein Hals bleibt, wie er ist.«

»Ich habe Ansprüche an mich«

Die Elegante – immer schön geschmeidig bleiben: Edith Weibel Sovilla, 68, PR-Beraterin, Agenturinhaberin

Selbstbewusst, grazil und tipptopp gestyl<<<xxt: Edith Weibel ist wie aus dem Ei gepellt. Im schmal geschnittenen, dunkelblauen Hosenanzug mit weißer Bluse, das mittelbraune Haar modisch kurz, ist sie der Prototyp einer jugendlichen Dame. So elegant ihre Erscheinung, so herzlich und lebhaft ist ihre Art. Sie geht offen auf ihre Mitmenschen zu, versteht es, ihrem Gegenüber ein gutes Gefühl zu geben – das hat sie als Stewardess bei der Swissair gelernt. »Diese vierzehn Jahre haben mich enorm geprägt, die verantwortungsvolle Arbeit hat mir Selbstbewusstsein gegeben«, sagt sie.

Edith ist 68 Jahre alt und leitet seit 25 Jahren erfolgreich ihre eigene PR-Agentur. Davor hatte sie einige Jahre im Hotel-Sales- und PR-Bereich gearbeitet. »Bei allem, was ich tat, habe ich mich immer dreihundert Prozent reingehängt. Man konnte mich überall hinschicken – ich war auf der ganzen Welt zu Hause.« Diese Weltoffenheit und Beweglichkeit hat sie sich erhalten. Sie bezeichnet sich als »Rennpferd«, das es bei jedem neuen Auftrag »no chrüselet«.

Kürzertreten kommt für sie nicht infrage, einen Tag Home-Office gönnt sie sich jedoch. »Zu Hause arbeiten ist ein echter Luxus, den ich mir gegen mich selbst erkämpfen musste. Ich habe eben Ansprüche an mich und leider etwas Mühe, loszulassen«, sagt sie. Edith Weibel kann sich nicht vorstellen, mit dem Arbeiten aufzuhören. »Ich will aktiv bleiben und möchte mich auf keinen Fall nur mit mir selber beschäftigen.« Mit ihrem zweiten Mann wohnt sie in Uetikon am See. Sie liebt die Natur und ist oft draußen unterwegs: Walken, Tennisspielen, Biken – nicht nur geistig, auch körperlich ist Edith immer in Bewegung. »Mein Motto lautet: Immer schön geschmeidig bleiben«, sagt sie und lacht. So quirlig ihr Naturell, so konsequent ist sie, wenn es um ihre Ziele geht, das möchte sie auch jungen Menschen mitgeben. »Man sollte seinen Weg unbeirrt weitergehen. Und das Wichtigste: Man muss an sich selber glauben.«

Bis vor einem Jahr machte sie sich keine großen Gedanken ums Älterwerden. »Ich habe immer noch Tempo drauf, bin aktiv, arbeite zügig und konzentriert, auch wenn ich in letzter Zeit manchmal etwas vergesse.« Doch das Thema Alter beschäftigt sie jetzt zunehmend. »Man muss es realistisch sehen: Der Zerfall des Körpers schreitet voran, außer man heißt Cher«, sagt sie schmunzelnd. Wie man als Frau lange leistungsfähig bleibt, hat sie aber von ihrer Mutter gelernt. Diese hat bis zu ihrem Tod mit 78 Jahren noch im familieneigenen Möbelgeschäft mitgearbeitet; so ein Einsatz verlangt einige Disziplin. Auch Edith ist sehr diszipliniert, nicht nur, was den Sport und die Arbeit angeht. Sie schaut stets gut zu sich, pflegt sich sorgfältig, geht nie ungeschminkt aus dem Haus und macht jeden Tag Gymnastik, selbst auf Reisen.

»Natürlich hat das Aussehen früher eine wichtigere Rolle gespielt, aber ich trauere dieser Zeit nicht nach«, sagt Edith. Auch die Idee, eine Schönheitskorrektur vornehmen zu lassen, hat sie immer wieder verworfen, denn: »Man sollte sich so akzeptieren, wie man ist. Auch wenn das manchmal schwerfällt.« Die einzige Lösung – und das betreffe nicht nur das Älterwerden – sei, die Vorzüge zu betonen und über die Mankos nicht allzu viel nachzudenken.

Offensichtlich hält, wie man an Edith sieht, ein disziplinierter Lebensstil jung. »Ich bin zufrieden und dankbar dafür, wie ich mich heute fühle«, sagt sie. Dass sie für ihren Mann immer noch attraktiv ist, findet sie ungemein beruhigend. »Schließlich bleibt man das ganze Leben lang Frau, egal, wie alt man ist.«

»Wetsch tschätte?«

Irgendwie landete ich auf dieser Dating-Seite. Fragen Sie mich nicht, wie das genau geschah. Ich habe diese Mitgliedschaft wirklich nicht gesucht, sondern klickte, naiv, wie ich manchmal bin, auf einen Link, den mir eine Kollegin geschickt hatte. Und schwupp war ich angemeldet, mit Foto, Vornamen und Alter – es hatte einfach die Angaben aus meinem Facebook-Account übernommen. In diesem Forum sucht man nicht nur nach neuen Partnern, sondern auch nach Begegnungen für »Spiel, Spaß und Sport«. Mit dem Slogan wirbt das Online-Portal jedenfalls für seine Dienste.

Zuerst nervte mich das Ganze, vor allem, als ich die ersten Mails von fremden Männern bekam, in ziemlich fantasievollem Deutsch. Silvio, 58, schrieb zum Beispiel: »Hallo Süessi, wiä gaz?, hesch Luscht zum tschätte?«, oder Rainer, 66: »Gfallschmer! Ech der au?« Die meisten Mails löschte ich sofort, die Fotos der Herren schienen aus dem Horrorkabinett zu stammen. Ich sah nur verschwommene Gesichter, die Augen oft hinter einer Sonnenbrille verborgen, rasant zurückweichender Haaransatz, dicke Bäuche und stramme Waden von »Gümmelern« (bald stellte sich mir die Frage, wieso ich gerade bei den Zweiradsportlern einen Stein im Brett hatte; es meldeten sich überdurchschnittlich viele). Etwas neugierig war ich aber schon. Warum nicht mal den eigenen Marktwert testen? Ich konnte mir ja einige Kandidaten genauer anschauen, antworten musste ich niemandem.

Ich hätte es besser nicht gemacht, das Ergebnis war für mein Selbstwertgefühl vernichtend. Es waren fast ausschließlich »Bappelis«, von sechzig an aufwärts. Ich meine das nicht despektierlich. Es ist mir durchaus bewusst, dass es auch in diesem Alter noch attraktive Männer gibt, aber die verkehrten entweder nicht auf dieser Internetseite, oder ich war nicht ihre Zielgruppe, weil sie lieber bei den Dreißigjährigen wilderten. Man kennt das ja: Je jünger die Frau, desto toller der Hecht.

Und dann gab es noch die ganz Jungen, die mir schrieben, so wie Carlos, 23: »Hallo Babe, bist Du wirklich schon über fünfzig? Du siehst supi aus, ich stehe auf alte Frauen.« Oder Rotschi, 26, der meinte: »Du bisch es cools Meitschi, au wänt keini 20 meh bisch!« Merci dänn!

Ich nehme an, diese übermotivierten Jungspunde hatten irgendwann mal von einem Kollegen gehört, dass man als Begleiter einer reifen Frau einiges lernen kann, anders lässt sich dieser Übermut nicht erklären. Nicht, dass ich etwas gegen Beziehungen zwischen älteren Frauen und jüngeren Männern hätte, im Gegenteil. Aber auf Augenhöhe sollte man sich schon begegnen (es sei denn, Frau sieht sich gern als Mutterersatz oder als Finanzspritze auf zwei Beinen). Dass es nur Sex sein kann, der ein dergestalt ungleiches Paar zusammenführt, ist ein verbreitetes Klischee: die Femme fatale und der lüsterne Jüngling. Mrs. Robinson etwa, die im Klassiker »Die Reifeprüfung« in Konkurrenz mit ihrer Tochter steht, wenn es um die

Gunst eines jungen Mannes geht. Ich habe übrigens nie verstanden, warum sich Dustin Hoffman alias Benjamin Braddock am Schluss für die Tochter entscheidet. Anne Bancroft als reife Lady war so viel verführerischer als die junge Katharine Ross.

Dass ältere Frauen und jüngere Männer auf sexuellem Gebiet sehr gut harmonieren, hört man immer wieder. Eine Frau befindet sich Ende dreißig auf ihrem erotischen Gipfel, bei einem Mann soll es mit 25 bereits wieder bergab gehen. Mag also sein, dass die erotische Anziehung hier eine gewisse Rolle spielt, sicher häufiger, als wenn sich ältere Männer mit viel jüngeren Frauen paaren – denn diese Verbindung ist oft nicht viel mehr als ein Statussymbol. Als Frau Mitte vierzig hatte ich eine mehrjährige Beziehung mit einem sehr viel jüngeren Mann, damals standen Leidenschaft und Romantik im Vordergrund. Ich war weder in finanzieller Hinsicht seine »Sugar-Mama« noch seine Förderin im Beruf. Wir hatten uns einfach ineinander verliebt.

Meine Umgebung reagierte damals ganz unterschiedlich: Von Bewunderung (»Dir kann scheinbar keiner widerstehen«) über Neid (»Warum passiert mir das nie?«) bis hin zu Missfallen (»Hast du das wirklich nötig?«) habe ich alles erlebt. Sehr oft hörte ich auch: »Eines Tages wird er dich für eine Jüngere verlassen.« Ich bin mir sicher, wäre mein Freund damals 44 und ich 28 gewesen, hätte kein Hahn danach gekräht. Im Gegenteil, man hätte ihm noch zu seinem guten Fang gratuliert.

Was aber nun meine Dating-Plattform betrifft: Ich bin heute noch Mitglied, nicht weil ich will, sondern weil man sich nicht abmelden kann. Selbst mein technisch versierter Mann hat es nicht geschafft, mich aus ihren Fängen zu befreien.

Irgendwann einmal gelang es mir immerhin für zwölf Stunden, unbelästigt zu bleiben. Doch als ich am nächsten Tag den Computer aufstartete, ploppte schon wieder eine Mail herein: Küde, 55, wollte wissen, wie ich das Wochenende verbracht hatte. Ich musste ihn nicht fragen, was er gemacht hatte. Seine nackten Wädli sprachen Bände. Ich schimpfte vor mich hin und wünschte ihn, samt seinen hautengen Radlerhosen, zum Teufel. Aber ich werde wohl noch mit siebzig solche Mails bekommen. Oder ähnlich anregende wie: »Hallo Bella, suchst Du einen Bello?«

»Ich liebe es, zu gefallen«

Die Bescheidene – nur keine Übertreibungen: Lucie Toggenburger, 73, Pensionärin, Model

Auf der Straße wird sie von wildfremden Leuten angesprochen, die von ihrer Schönheit und Ausstrahlung fasziniert sind. Und zwar von Frauen wie von Männern. Lucie ist eine beeindruckende Erscheinung: Die gebürtige Deutsche ist groß, sehr schlank, hat mittellanges, fülliges weißes Haar und ein scharf geschnittenes Gesicht mit einem ausdrucksvollen Mund. Abgesehen von etwas Wimperntusche ist sie ungeschminkt. Sie trägt einen blauen Jeansanzug, ein T-Shirt und Westernstiefel. Nicht unbedingt der Look, den man von einer Großmutter mit einem 21-jährigen Enkel erwartet.

Und auch sonst ist Lucie alles andere als Durchschnitt. Dreimal war sie verheiratet. Heute hat sie wieder eine feste Beziehung, lebt aber allein. Eine weitere Ehe kann sie sich nicht vorstellen, »dafür habe ich wohl zu viel Schweres erlebt«, sagt die Mutter zweier Kinder mit so sanfter Stimme und sanftem Lächeln, dass man sie sofort ins Herz schließt. Ihr haftet nichts Kühles oder Arrogantes an, auch wenn sie durchaus Grund hätte, wegen ihres Aussehens die Nase hoch zu tragen; sie selber findet sich jedoch »nicht speziell«. »Schönheit ist nur eine Zugabe zur Persönlichkeit«, ist sie überzeugt.

Dieses nicht spezielle Aussehen hat ihr immerhin zu einem neuen Job verholfen. Die ehemalige Bildhauerin wurde vor drei Jahren auf der Straße als Model entdeckt. Inzwischen zierte sie unter anderem das Cover der Frauenzeitschrift »Annabelle«. »Ich würde gern noch öfter modeln«, sagt sie lächelnd. Ihr Traum sei es, einmal auf der Titelseite der »Vogue« zu stehen. Es braucht nicht viel Fantasie, um sich ihr schönes Gesicht in einer Werbekampagne für ein großes Beauty-Label vorzustellen. Als »Best Ager«- oder »Silver Age«-Model hat sie vermutlich gute Chancen, denn der Jugendwahn in der Werbung hat sich ein bisschen gelegt. Falten im Gesicht und graue Haare gelten inzwischen als attraktiv, und ältere Models ab fünfzig liegen international im Trend. Ein Grund dafür ist sicher, dass diese mehr Erfahrung haben als junge, dass sie mehr Persönlichkeit ausstrahlen und oft eine ganz besondere Attraktivität besitzen.

Wie viel Aufwand betreibt sie in Sachen Pflege? Lucie lacht. »Jahrelang habe ich die teuersten Cremes benutzt. Heute nehme ich nur noch die blaue Nivea. Die ist perfekt für mich.« Keine Angst vor weiteren Falten – schließlich verdient sie mit ihrem Aussehen Geld? »Was sind schon Falten!«, sagt sie. Aber hatte sie nicht zumindest früher Angst vor dem Älterwerden? »Nein«, antwortet sie, »ich habe diesen Prozess immer als positiv empfunden. Denn erst mit den Jahren habe ich an Selbstsicherheit gewonnen.« Früher sei sie oft unsicher und schüchtern gewesen. »Heute weiß ich, was ich will und was nicht.« Wäre eine Schönheits-OP eine Option für sie? »Nein«, kommt es wie aus der Pistole geschossen, »dafür habe ich zu viele schlechte Beispiele gesehen. Allerdings lehne ich solche Eingriffe nur für mich ab, ich würde niemandem vorschreiben, wie er oder sie zu leben hat.«

Lucie will gut in Form bleiben und geht, wann immer möglich, zu Fuß. Sie ernährt sich gesund, isst zum Frühstück Früchte, Joghurt und Porridge, mittags Salat und etwas Käse, am Abend etwas Warmes – immer kleine Portionen, ohne allerdings Diät zu halten. »Man muss in allem moderat sein«, ist sie überzeugt.

Lucie kam während des Kriegs in einem Berliner Bunker zur Welt. Ihr Vater, ein Adliger, fiel im Krieg. »Meine Mutter hat nach mir noch Zwillinge bekommen und war überfordert.« Deshalb wuchs sie bei ihrer Großmutter in Bayern auf. Diese Großmutter wurde Lucie zum Vorbild. »Sie war wundervoll, spielte Handorgel und tanzte dazu. Außerdem hatte sie ein offenes Haus, in dem die Leute ein und aus gingen.« Mit fünfzehn Jahren kam Lucie zu Verwandten nach Gstaad. Dort arbeitete sie acht Jahre lang bei einer Gräfin als Gesellschaftsdame. Auch diese alte Dame hatte für sie Vorbildcharakter. »Sie sah zwar aus wie ein klappriges Ross, aber sie war weltoffen, an allem interessiert und ging auf die Menschen zu. Ich dachte mir immer: ›So will ich im Alter auch sein.‹«

Mit siebzehn Jahren lernte Lucie dann ihren ersten Mann kennen und bekam ein Kind. Doch er starb nach sieben Jahren. Die junge Witwe zog mit ihrem Sohn nach Zürich und besuchte dort eine Modefachschule. Den Wegzug aus Gstaad erlebte sie als erleichternd, denn die Bergwelt hatte sie immer als erdrückend empfunden. Um sich neben der Schule etwas dazuzuverdienen, modelte sie und kam damit einigermaßen über die Runden. »Ich hatte eben immer wieder Glück«, sagt sie, »auch wenn das Leben für mich damals nicht einfach war.«

Mit dreißig Jahren heiratete sie ein zweites Mal; diese Ehe dauerte siebzehn Jahre. »Es war eine schwierige Beziehung«, konstatiert sie. »Mein Mann war ein Robert-Redford-Typ und nahm es mit der Treue nicht so genau. Er brauchte immer wieder Bestätigung von anderen Frauen. Als eine Geliebte von ihm schwanger wurde, war für mich die Sache gelaufen. Ich zog aus unserem Haus aus, sie zog ein«, sagt sie, und man sieht ihr an, wie schwer das gewesen sein muss. Damals, mit 47 Jahren, habe sie das Älterwerden erstmals so richtig gespürt. »Diese neue Frau war sehr jung, und ich fühlte mich plötzlich sehr alt.« Trotz dieser schmerzlichen Erfahrung kommt kein bitteres Wort über Lucies Lippen.

Damit nicht genug, entpuppte sich Ehemann Nummer drei als Heiratsschwindler. Er ließ sie mit einem riesigen Schuldenberg sitzen. »Das hat mir den Boden unter den Füßen weggezogen. Zum ersten Mal in meinem Leben wusste ich nicht weiter«, erinnert sie sich. Fünfzehn Jahre lang musste sie die Schulden abstottern. »Trotzdem habe ich den Glauben an die Menschheit nicht verloren. Ich hatte immer gute Leute um mich herum, die Freunde und die Familie.«

Heute sind die beiden Kinder ihre wichtigsten Bezugspersonen. Es braucht allerdings einige Fantasie, um sich diese Frau als Mutter eines Sohnes und einer Tochter in mittleren Jahren vorzustellen – diese Frau, die ihre schwarze Lederjacke lässig über der Schulter trägt und sich am liebsten »in Lagerfeld« kleidet, weil sie dessen unkonventionellen Stil mag. »Ich liebe es, wenn ich den Leuten gefalle«, sagt sie. Das tönt zwar ziemlich selbstverliebt, doch wie bei fast allem, was Lucie sagt, schwingt auch hier Bescheidenheit mit. Letzthin habe ein Mädchen zu ihr gesagt: »Wenn ich alt bin, dann möchte ich so sein wie Sie!« Das habe sie richtig gefreut. Einzig ihr Sohn äußere sich manchmal etwas kritisch über ihr Outfit. »Da höre ich dann schon mal: ›Mami, das geht nicht, das ist zu jugendlich.‹«

Natürlich spüre sie hin und wieder ein kleines »Breschteli«, und es zwicke sie auch hier oder dort. »Aber das gehört halt dazu, schließlich bin ich eine ältere Frau.« Eine ältere Frau, die sich immer wieder mal etwas gönnt. Zum Beispiel einen schönen Lippenstift oder ein gutes Make-up, weil das sofort die Laune hebt. Und natürlich die eine oder andere Reise – »nichts Großes mehr, davon hatte ich genug im Leben, aber so ein hübsches Weekend in Paris ist eine feine Sache«.

Hat sie ein Problem damit, dass sie sich äußerlich so von anderen Frauen ihres Alters unterscheidet? Lucie denkt kurz nach. »Nein, nicht im Geringsten«, sagt sie dann. Allerdings gebe es schon etwas, das sie an ihren Altersgenossinnen störe: dieser Einheitslook, den viele Frauen ab einem bestimmten Alter trügen. »Die meisten haben die Haare kurz geschnitten oder eine Dauerwelle. Und Farben sucht man meist vergebens bei ihrer Kleidung. Dabei darf man im Alter doch nicht seine Individualität verlieren und wie ein Schaf in der Herde mitzotteln«, lacht sie.

Beim Abschiednehmen ist die Umarmung so herzlich, als würden wir uns schon lange kennen. Und ich schließe mich gern dem vorher zitierten Mädchen an: »Wenn ich einmal alt bin, möchte ich so sein wie du!«

Einfach ich

Das neue Kleid lag auf dem Bett. Ich hatte drei Tage lang auf das Nachtessen verzichtet. Es würde also sitzen, ohne dass ich den Bauch einziehen müsste. In die schwarzen Pumps mit den hohen Hacken brauchte ich nur noch reinzuschlüpfen. Die Clutch war gepackt mit allem, was ich an diesem Abend brauchen würde: Handy, Lippenstift, Portemonnaie. Ich war bereit für die exklusive Einladung. »Was ganz Intimes«, hatte meine Kollegin verraten, »eine Party, mit fünfzig coolen Leuten.«

Es war Viertel vor acht, Zeit, das Taxi zu bestellen, das mich zur angesagten Location ins Industriegebiet von Zürich fahren würde. Ich schaute mich ein letztes Mal im Spiegel an. Was ich sah, gefiel mir. Ich hatte mir Mühe gegeben. Auch das Make-up, das ich am Nachmittag extra gekauft hatte, machte sich gut. »Sie werden damit keinen Tag älter als vierzig aussehen«, hatte die Verkäuferin verschwörerisch geflüstert. »Seine neue Formula mit exklusiven Peptiden wird Ihnen zu einem umwerfenden Glow verhelfen.« Ich schluckte einmal leer, als ich den Preis für diesen »umwerfenden Glanz« entziffern konnte (was mir ohne Lesebrille immer schwerer fällt), aber manchmal muss man einfach an kleine Wunder glauben: Das ist Balsam für die

Seele. Ich zückte die Kreditkarte und schenkte der beflissenen Verkäuferin mein schönstes Lächeln.

Und nun stand ich also da in meinem Kleid und den Schuhen – doch alles fühlte sich falsch an. Nein, nicht das Outfit, sondern das Ausgehen an sich. Mein Bauch sagte klar und deutlich: »Du hast keine Lust, einen Abend lang mit fünfzig unbekannten Leuten Small Talk zu machen, auch wenn sie noch so cool sind.« Sofort meldete sich der Kopf: »Reiß dich zusammen, du hast zugesagt! Sicher wird es ganz nett.« Ich war hin- und hergerissen, frei nach dem Song von The Clash: »Should I Stay or Should I Go«.

Der Bauch siegte. Fünfzehn Minuten später lümmelte ich im Pyjama auf der Couch. Das Kleid hing wieder am Bügel, die Pumps lagen irgendwo auf dem Teppich. Ich hatte mich abgeschminkt und meiner Kollegin eine SMS geschickt, in der etwas von Migräne stand. Ich wusste, sie würde sich auch ohne mich amüsieren; bei all den hippen Männern, die eingeladen waren, würde sie sicher nicht allein bleiben.

Wie ich so, in eine warme Decke gehüllt, dalag, neben mir einen dicken Schmöker und eine große Tüte Chips, fühlte ich mich wunderbar. Wäre ich eine Katze gewesen, ich hätte geschnurrt. Und ich war mir sicher, dass in diesem Moment ein ganz eigener, wirklich unbezahlbarer Glow von mir ausging. Im letzten Moment absagen: Ein solches Verhalten wäre vor nicht allzu langer Zeit undenkbar gewesen – mein schlechtes Gewissen hätte mich tagelang geplagt. Es ist verrückt, wie viele Dinge ich nicht gemacht habe aus lauter Angst, was andere über mich sagen und denken könnten. Oder gemacht habe aus Angst, etwas zu verpassen. Früher war ich auf Partys meistens eine der Letzten, die nach Hause gingen. Heute gehöre ich zu den Ersten, die sich verabschieden. Mir wird vieles schnell zu viel: der Rummel, die Gespräche, der Alkohol. Habe ich selber Freunde eingeladen, die zu später Stunde einfach nicht gehen wollen, während ich vor Müdigkeit fast vom Stuhl falle, sage ich meist halb im Spaß, halb im Ernst: »Schön isch es gsii, jetzt isch es verbii.«

Streng genommen war meine späte Absage natürlich unhöflich. Aber dass ich mir Freiheiten wie diese herausnehme, gehört definitiv zu einem neuen Kapitel in meinem Leben. Die Vorstellung, negativ aufzufallen, war für mich lange ein Horror. Ich war ein Musterbeispiel an Angepasstheit und wollte vor allem eines: geliebt werden. Natürlich ist mir das auch heute noch wichtig. Aber den Anspruch, alle in meinem Umfeld müssten mich mögen, habe ich aufgegeben. Weil es ein total sinnloses Unterfangen ist. Everybody's Darling ist ja bekanntlich Everybody's Depp. Und keinen Idealen mehr hinterherzujagen, setzt viele Energien frei. Energien für neue Pläne und Unternehmungen.

Ich habe mich auch davon verabschiedet, dass alle Augen immer auf mich gerichtet sind. Ich bin nicht der Nabel der Welt und keineswegs so wichtig, wie ich dachte, dass ich es sei. Sich von solchen Ansprüchen und Vorstellungen zu lösen, hat zu einer inneren Leichtigkeit geführt, die mich unangepasster, freier und spontaner werden ließ, auch wenn diese Entwicklung ihre Zeit gebraucht hat. Auf der anderen Seite habe ich einen gesunden Egoismus entwickelt und nehme meine Bedürfnisse heute viel ernster als früher. Das zeigt sich eben auch darin, dass ich nirgendwo mehr hingehe, nur weil es angesagt ist. Auch meine Prioritäten lasse ich mir nicht mehr von anderen vorschreiben, sondern setze sie selber. Das hat etwas ungeheuer Entspannendes. Privat treffe ich mich wenn möglich nur noch mit Menschen, die mir wohlgesinnt sind. Und sogenannte Energieräuber können mir gestohlen bleiben. Ich verplempere meine Zeit nicht mehr mit für mich unwichtigen Dingen. Oder in den Worten der wunderbaren Schauspielerin Meryl Streep: »Ich habe für bestimmte Dinge keine Geduld mehr. Nicht weil ich arrogant geworden bin, sondern einfach, weil ich einen Punkt in meinem Leben erreicht habe, wo ich keine Zeit mehr vergeuden möchte mit Dingen, die mir missfallen oder wehtun.«

Ich habe ganz offensichtlich gerade den Bogen des U hinter mir gelassen. Mit einer U-förmigen Kurve beschreiben Neurobiologen die Veränderung des Glücksempfindens im Laufe einer Lebensspanne. Ganz junge Menschen sind in der Regel sehr zufrieden mit sich und der Welt, werden aber bis ins mittlere Alter immer unglücklicher. Der durchschnittliche Tiefpunkt liegt bei 46 Jahren. Danach geht es interessanterweise wieder steil bergauf. Trotzdem nehmen wir das Älterwerden als Niedergang wahr. Was kein Wunder ist in einer dem Jugendwahn verfallenen Gesellschaft. Wer das Thema verdrängt, so die US-amerikanische Philosophin Susan Neiman, bekommt unweigerlich Angst vor dem Älterwerden und erwartet dann nichts mehr vom Leben.

Ich persönlich bin in den letzten Jahren »erwachsener« geworden. Was das heißt? Ich gehe mein Leben souveräner an, bestimme immer freier, was ich tun oder lassen möchte. Und was die Konventionen betrifft, nach denen ich mich lange Zeit gerichtet habe: Sie sind mir heute ziemlich schnuppe. Niemand, auch keine gesellschaftliche Norm, kann mir vorschreiben, wie ich als Mittfünfzigerin zu sein habe. Im Gegenteil:

Ich entscheide, wie ich mich fühle, gebe und kleide, ohne dass ich jemandem dafür Rechenschaft schuldig bin. Und wenn ich einen Satz höre wie: »Das schickt sich in diesem Alter nicht«, dann muss ich einfach lachen. Wer sagt denn zum Beispiel, dass eine ältere Frau keine langen grauen Haare oder Skinny Jeans tragen oder keinen jungen Mann lieben darf? Warum sollen wir uns im Hintergrund halten – oder am besten gleich ganz unsichtbar werden – und die Bühne den Jungen überlassen? Wir müssen zwar nicht alle zu Grauen Pantherinnen werden, aber ein selbstbewussteres Auftreten täte gut.

Wenn Frauen klagen, dass sie von Männern nicht mehr wahrgenommen werden, dann rate ich: Macht euch nicht selber klein! Klar gibt es Männer, die eine Frau über fünfzig als Fallobst bezeichnen, aber die können uns gestohlen bleiben. Ein Mann, der unser wert ist, nimmt uns als Ganzes wahr und reduziert uns nicht auf das Alter, ein paar Falten oder Dellen. Schließlich sind auch wir diesbezüglich tolerant und akzeptieren allfällige körperliche Makel beim Gegenüber.

Lange Zeit haderte ich mit der Lebensphase »Fünfzig plus«, aber es ist einfach toll, nicht mehr unter dem Druck zu stehen, verführerisch zu sein oder beeindrucken zu müssen. Das heißt jedoch nicht, dass mir Attraktivität unwichtig geworden ist. Zwar braucht es heute ein paar Anstrengungen mehr, damit ich mir gefalle, aber die Härte, die ich mir gegenüber an den Tag legte, ist verschwunden. Konnten mir in der Vergangenheit zwei Kilo mehr auf der Waage den Tag verderben, übe ich mich heute in Nachsicht. Ganz ohne Selbstdisziplin geht es leider trotzdem nicht, denn ich habe eine Vorstellung, wie ich in zehn oder zwanzig Jahren aussehen möchte: Kein Einheitshaarschnitt mit Dauerwelle, kein »gesundes« Schuhwerk, kein beiger Regenmantel, ich will meine Bluejeans und Nietenstiefel tragen, bis sie (oder ich) auseinanderfallen; das elegante Deux-pièces mit den dazu passenden Pumps überlasse ich gern anderen Damen. Auch farblich habe ich nicht vor, im Alter eine traurige Figur abzugeben, jedenfalls nicht, solange ich einigermaßen gesund und bei klarem Verstand bin.

Meiner Mutter war ihr Aussehen bis zum Tod wichtig. Sie starb mit platinblondem Haar in einem hübschen hellblauen Morgenmantel, die Lippen mit dem obligaten roséfarbenen Stift geschminkt. Wie sie, so schaue auch ich gut zu mir und unternehme vieles, damit ich mich in meiner Haut wohlfühle. Manchmal mag es eine exklusive Creme sein, die einer Frau zu einem besonderen Leuchten verhilft. Aber tief drinnen weiß ich, dass es die Zufriedenheit mit sich selber ist, die einen strahlen lässt. Ich wünschte, all die Frauen, die sich nur noch mit Botox und Co. begehrenswert fühlen, könnten hin und wieder erkennen, dass sie dann am schönsten sind, wenn sie einfach sie selber sind.

Es gibt allerdings auch Tage, an denen ich aufwache und das Gefühl habe, von einem Schnellzug überfahren worden zu sein. Wenn die Nacht kurz oder der Schlaf unruhig war, macht der Blick in den Spiegel keine Freude. Statt mich deswegen zu grämen, versuche ich mich dann zu verwöhnen, sei es mit einem warmen Bad oder indem ich Termine streiche und mir Ruhe gönne. Ganz nach dem Motto: Wenn ich es selber nicht tue, macht es niemand. Das ist übrigens eine Erkenntnis, die lange auf sich warten ließ; ich habe mein Glück gern von anderen abhängig gemacht. Um mich »ganz« zu fühlen, fehlte mir immer etwas: der passende Mann, der richtige Job, das finanzielle Polster. Heute weiß ich: Mein Mann ist etwas vom Besten, was mir passiert ist – aber er ist nicht meine bessere Hälfte. Mein Beruf ist oft ein Quell der Freude – aber er ist nicht der Boden für meinen Selbstwert. Und das Geld, ja, ich schätze es und bin gern großzügig – aber ich war in Zeiten, in denen ich mehr verdiente, auch nicht glücklicher als heute.

Einer der wichtigsten Punkte meiner persönlichen Entwicklung aber ist, dass ich nicht mehr in Rollen schlüpfe, um zu gefallen. Ich bin nicht mehr die blutjunge Naive, die hingebungsvolle Geliebte, die aufstrebende Karrierefrau oder die toughe Power-Woman. Die Summe meiner Erlebnisse, Erfahrungen, Träume, Misserfolge und Überzeugungen ließ mich zu dem Menschen werden, der ich heute bin: Ich bin ich. Und das genügt mir für den Rest meines Lebens.

»Mein Leben ist die beste Burnout-Prophylaxe«

Interview mit Stephanie von Orelli (50), Chefärztin der Frauenklinik des Zürcher Stadtspitals Triemli, über schwierige Wechseljahre, spannende Herausforderungen und hilfreiche Botoxinjektionen.

Welche Themen beschäftigen Ihrer Erfahrung nach Frauen in den mittleren Jahren besonders?

Viele Frauen machen sich Gedanken darüber, dass mit dem Erlöschen der Eierstöcke und der daraus folgenden Abnahme der weiblichen Hormonproduktion der Alterungsprozess beschleunigt wird. Das führt oft zu einem Innehalten und zu einer Neuorientierung. Viele stellen sich auch die Frage: Ist das jetzt alles gewesen? Oder: Wohin gehts noch für mich, welche Möglichkeiten stehen mir noch offen? Bei Frauen, die früh Kinder hatten, die jetzt ausziehen, kann es zu einer inneren Leere kommen.

Sind Wechseljahre eigentlich Schreckensjahre?

Rund zwanzig Prozent der Frauen haben in der Tat sehr starke Beschwerden wie Wallungen und Stimmungsschwankungen. Ein Großteil der Frauen aber findet einen Weg, um mit den Wechseljahren recht gut zu leben.

Was passiert im Körper rund um die Wechseljahre?

Die Hormonproduktion nimmt ab. Die Haare werden dünner, die Haut und die Schleimhäute trockener. Viele Frauen beginnen zu schwitzen, haben starke Wallungen. Aufgrund der hormonellen Situation sind einige jetzt auch dünnhäutiger und gestresster und explosiver. Das kann hin bis zu Depressionen führen.

Und plötzlich wachsen einem Haare am Kinn. Ich zupfe da regelmäßig einige blonde Haare aus.

(lacht) Seien Sie froh, dass sie blond sind! Nein, im Ernst, durch die Abnahme der weiblichen Hormone kommt es im Verhält-

nis zu einem Überschuss männlicher Hormone. Von diesem unerwünschten Haarwachstum sind viele Frauen betroffen. Warum werden wohl heute so viele Vergrößerungsspiegel verkauft?

Thema Inkontinenz. Zuerst lachen wir, wenn wir doofe Werbespots für Damenhöschen im Fernsehen sehen, und kurze Zeit später sind wir selber nicht mehr ganz dicht.
Jaja, das ist leider der Lauf der Zeit. Dadurch, dass das Östrogen abnimmt, verändert sich die weibliche Blase im Alter: Sie wird schwächer. Bei Frauen, die schwerer körperlicher Arbeit nachgegangen sind oder die viele und große Kinder geboren haben, verändert sich der Beckenboden, die Blase verschiebt sich in einen anderen Druckbereich. Die Folge ist, dass Urin abgeht, wenn man hustet oder lacht. Hier hilft Beckenbodentraining. Hilft dies zu wenig, kann mit einem Band oder der Schlüsselloch-Chirurgie geholfen werden. Die zweite Form der Blasenschwäche ist die sogenannte Drang-Inkontinenz mit einem extremen Harndrang. Die Ursache liegt in der spontanen Aktivität des Blasenmuskels. Hier muss man die Blase trainieren. Wenn alles nichts hilft, kann man auch Botox in die Blasenschleimhaut spritzen.

Viele Frauen nehmen um die Lebensmitte zu, obwohl sie nicht mehr essen als vorher. Warum?
Dazu gibt es verschiedene Theorien. Eine davon ist, dass der weibliche Körper Kalorien verbraucht, um die ganze Reproduktion aufrechtzuerhalten. Fällt dies weg, verbraucht die Frau weniger Kalorien. Und natürlich verändert sich auch der Stoffwechsel, man lagert mehr Reserven ein. Viele bewegen sich we-

niger. Oder essen bei Stimmungsschwankungen mehr Zucker oder Fett. Vielleicht lassen sie sich ein bisschen mehr gehen, schließlich hat der Partner oft auch ein paar Kilos mehr auf den Rippen.

Viele Frauen, die früher eine schmale Taille hatten, bekommen plötzlich einen Bauch.
Ja, das sehe ich öfters in meiner Praxis. Das kann auch am Zusammensinken der Wirbelsäule liegen.

Welche Tipps geben Sie Frauen, die gegen das Dickerwerden ankämpfen wollen?
Mir gefallen im Allgemeinen Frauen, die ein paar Kilos zu viel haben, oft besser als die ganz Dünnen, die mit zunehmendem Alter gern etwas hager aussehen. Ich persönlich bin eine Verfechterin der mediterranen Diät: Gemüse, Fisch, Olivenöl, Hülsenfrüchte, Nüsse, Salat. Ich rate zu regelmäßigem Essen. Dreimal täglich, immer mit vier bis fünf Stunden Abstand. Nicht zu viele Süßigkeiten. Und ich rate zu regelmäßiger Bewegung: Yoga, Pilates – alles, was Spaß macht.

Sind Frauen in den mittleren Jahren heute anders als ihre Mütter?
Auf alle Fälle. Viele Frauen zwischen fünfzig und sechzig sind länger jung geblieben, ihnen stehen noch die verschiedensten Möglichkeiten offen. Viele sind zuversichtlich und voller Energie. Sie ernähren sich besser, machen mehr Sport und sind bewusster geworden. Und dank guter Pflege, Kosmetik und den verschiedensten Schönheitseingriffen können sie diese Jugend länger erhalten.

Sie selber werden in diesem Jahr fünfzig. Sind die Wechseljahre ein Thema für Sie?

Ja, ich steuere selber auf die Wechseljahre zu, allerdings halten mich meine Kinder jung. Hätte ich mir mit 46 Jahren den Wunsch nach einem dritten Kind nicht erfüllen können, wäre ich jetzt sicher unruhiger.

Unruhiger wieso? Sie hatten doch schon zwei gesunde Kinder?

Ich weiß, das Ganze ist nicht wirklich rational *(lacht)*. Aber ich dachte immer wieder: Bei uns zu Hause ist am Tisch noch ein Platz frei. Ich wusste einfach, da muss noch jemand kommen, der zu uns gehört.

Ihr Mann ist als Architekt beruflich ebenfalls sehr eingespannt. Wie hat er auf diesen Kinderwunsch reagiert?

Anfangs nicht sehr begeistert. An einem Geburtstagsessen sagte er dann allerdings: So, jetzt bin ich parat. Das war genau der Moment, in dem ich das Ganze schon fast abgeschrieben hatte. Dann wurde ich schwanger, und heute gehe ich voll auf in meiner Mutterrolle und meinem Beruf.

Mit 46 Jahren waren Sie eine Spätgebärende. Hatten Sie keine Angst vor Komplikationen?

Ich bin zum Glück kein ängstlicher Mensch, sondern bin bei allem sehr zuversichtlich. Ich wollte das Kind so nehmen, wie es kommt. Das Umfeld war ängstlicher als ich.

Sie wurden in verschiedenen Lebensabschnitten Mutter. Hat sich diese letzte Schwangerschaft von den

ersten beiden unterschieden, und wenn ja: Was war anders?

Mein drittes Kind war auch ein Wunschkind, es ist nicht einfach nur so dazwischengerutscht. Ich wusste, dass das jetzt das letzte Mal ist, und ich wollte dies ganz bewusst erleben. Aber natürlich spürte ich körperliche Unterschiede. Ich war, vor allem gegen Ende der Schwangerschaft, oft müde, und mich plagten die verschiedensten kleinen »Breschteli« wie geschwollene Beine und ein Mangel an Energie. Als das Kind dann schließlich da war, merkte ich schon, dass mir die schlaflosen Nächte mehr zu schaffen machten als früher. Konnte ich früher spielend die Nacht durchfesten und danach arbeiten gehen, lässt das meine Energie heute nicht mehr zu.

Ein verantwortungsvoller Job und dazu drei Kinder: Wie schafft man das?

Indem man »zäch« ist *(lacht)*. Und ich brauche nicht so viel Schlaf. Ich arbeite in meiner Funktion als Chefärztin fünfzig bis sechzig Stunden pro Woche, aber mein Mann packt zu Hause mit an. Als wir zwei Kinder hatten, gingen beide in die Krippe. Heute haben wir eine Nanny. Das hat eine enorme Entspannung gegeben.

Sind Sie für Ihre Kolleginnen eigentlich ein Vorbild?

Ja, und das ist auch mein Ziel. Ich will jungen Frauen die Zuversicht geben, dass Beruf und Mutterschaft möglich sind. Ich hoffe immer wieder auf den Sog, dass es Frauen, die Mutter geworden sind, in den Beruf zurückzieht. Wir haben so gut ausgebildete Frauen, und wo sind die? Es macht mir Freude, im Beruf engagiert zu sein, Anerkennung zu bekommen, gestalten zu können und zu Hause eine Familie zu haben. Ich sage es immer wieder: Dieses Leben ist meine Burnout-Prophylaxe.

Wäre ein Leben ohne Kinder für Sie auch denkbar gewesen?

Ja, durchaus, obwohl ich meine Kinder über alles liebe. Aber mein Beruf ist für mich ebenfalls sehr erfüllend. Aber natürlich kann ich mir heute ein Leben ohne meine Kinder nicht mehr vorstellen.

Sie sind in einer privilegierten Situation, indem Sie einem Beruf nachgehen, der eine Berufung ist. Aber eine Verkäuferin, die den ganzen Tag an der Kasse steht, ist vielleicht froh, wenn sie als Mutter nicht mehr in den Beruf zurückkehren muss.

Das kann schon sein. Aber was macht diese Frau, wenn sie nach einer Trennung mit einem zehn- und einem zwölfjährigen Kind allein dasteht und jahrelang nicht mehr gearbeitet hat? Die Realität ist doch so, dass fünfzig Prozent der Paare auseinandergehen, davor kann man die Augen nicht verschließen. Außerdem bin ich der Überzeugung, dass man länger jung bleibt, wenn man einem Beruf nachgeht. Meine Mutter war ebenfalls Ärztin und immer berufstätig. Sie hat eine große Vorbildfunktion für mich.

Wenn man sein ganzes Leben lang vor allem auf die eigene Schönheit gesetzt hat, wird das Älterwerden auch nicht einfacher.

In der Tat. Auch hier ist es nur von Vorteil, wenn man einen

Beruf hat, den man liebt und der einem Selbstbewusstsein und Befriedigung gibt.

Apropos Bestätigung: Wie wichtig ist für Sie ein gutes Aussehen?

Gutes Aussehen bedeutet für mich eine Ausstrahlung haben, das hat in dem Sinn nicht mit Schönheit, sondern eher mit Zufriedenheit zu tun. Solche Menschen wirken anziehend und haben es leichter im Leben.

Für viele Frauen um die fünfzig sind Botox und Co. eine Option. Für Sie auch?

Ich habe diesbezüglich noch keinen großen Leidensdruck. Ich sage aber nie nie. Wenn mich etwas in meinem Gesicht wirklich stören würde, wäre das sicher eine Möglichkeit. Wenn ich zum Beispiel eine Zornesfalte hätte, die mich grimmig aussehen lassen würde, oder wenn mein Inneres überhaupt nicht mehr mit meinem Äußeren übereinstimmen würde. Was mich allerdings irritiert, sind Gesichter, die maskenhaft wirken.

Die Möglichkeiten mit nicht invasiven Eingriffen werden immer größer.

Ja, es muss nicht unbedingt operiert werden, es gibt ja auch noch viele andere Möglichkeiten wie Filler- oder Hyaluroninjektionen. Ich habe Patientinnen, die sagen: »Ich gehe hin und wieder zu einem Schönheits-Doc, der hilft mir, frischer auszusehen. Ich mache nicht viel, einfach ein bisschen was.« Und diese Frauen sehen dann wirklich nicht künstlich, sondern nur frischer und ausgeruhter aus. Das ist doch eine gute Sache.

**Viele Frauen ab fünfzig klagen über Lustlosigkeit.
Entweder über die eigene oder jene des Partners.
Ein Thema, mit dem Sie konfrontiert werden?**

Das ist in der Tat ein großes Thema, und das aus verschiedenen Gründen. Es hat bei den Frauen mit den Veränderungen der Genitalien zu tun, oder man ist vielleicht in einer langjährigen Beziehung, wo die Lust eingeschlafen ist, oder man hat beruflich viel Stress.

Was raten Sie einer Patientin, die über eigene Lustlosigkeit oder jene des Partners klagt?

Dann versuche ich auslösende Faktoren zu finden. Wie war es früher? Wann hat es aufgehört mit der Lust? Ich führe also ein ausführliches Gespräch. Aber ich bin auf diesem Gebiet keine Spezialistin und empfehle einen Besuch bei einer Sexualtherapeutin. Natürlich gibt es auch Frauen, die vielleicht Schmerzen beim Sex empfinden, weil sie zu trocken sind. In diesem Fall rate ich zu Vaseline oder Öl. Eine Möglichkeit ist auch, Östrogen einzusetzen, damit die Schleimhaut wieder besser durchblutet und elastischer wird. Aber natürlich muss ich zuerst Krankheiten wie Zysten oder Tumore ausschließen, denn diese können ja auch Beschwerden verursachen.

Kann ein Paar, das längere Zeit keinen Sex mehr hatte, diesen wieder neu finden?

Auf alle Fälle, ja. Hier bringt es sicher etwas, fachlichen Rat einzuholen. Es lohnt sich auch, einmal einen Sexshop für Frauen zu besuchen. Es gibt da tolle Läden, denen nichts Plüschiges anhaftet und in denen man wirklich gut beraten wird. Und warum nicht mal raus aus dem Alltag, über ein Wochenende verreisen, die Kinder zu Hause lassen? Den Partner in Situationen erleben, in denen er uns begehrenswert erscheint. Wieso nicht mal zusammen einen Bungeesprung wagen? Wir haben auch ein sehr klassisches Bild, was Sexualität bedeuten soll. Dabei hat sie die verschiedensten Facetten. Man kann auch sonst zärtlich miteinander sein.

Wird Viagra für die Frau ein Thema werden?
Das wäre wohl eher eine Pille gegen die Lustlosigkeit bei der Frau. Meist ist diese eben multifaktoriell, und eine Pille, wie sie kürzlich von der FDA (amerikanische Behörde für Lebens- und Arzneimittel) zugelassen wurde, hilft da nur einseitig. Zudem wurde sie bei Frauen nur bis 49 zugelassen.

Für viele Frauen in den Wechseljahren stellt sich früher oder später die Hormonfrage. Wo steht die Wissenschaft heute diesbezüglich?
Als ich als Ärztin zu arbeiten begonnen habe, war die landläufige Meinung, dass man die Frauen nach der Abänderung dazu bringen sollte, Hormone zu nehmen; es war ein richtiger Hype. Das hat mich damals schon irritiert. Danach kam man total weg von der Hormonabgabe. Heute sieht man das Ganze differenzierter, man spricht von einem sogenannten günstigen Fenster. Das betrifft Frauen zwischen fünfzig und sechzig, die während fünf Jahren Hormone nehmen. Die sind auf der relativ sicheren Seite. Aber auch Frauen, die länger Hormone nehmen müssen, bekommen nicht automatisch Brustkrebs.

Früher hat man sich von einer Hormonabgabe viel versprochen.

Ja, man dachte, dass man damit viele Krankheiten aufhalten könnte, wie Herzkrankheiten oder Alzheimer. Das hat sich nicht bestätigt. Einen positiven Effekt haben die Hormone auf Haut und Haare und bei der Bekämpfung von Osteoporose.

Apropos Vorsorgeuntersuchungen. Wozu raten Sie?
Ich diskutiere das mit meinen Patientinnen immer von Fall zu Fall. Ich rate zu einem Krebsabstrich alle drei Jahre, wenn man keine Risikofaktoren hat. Jährlich eine gynäkologische Untersuchung, eine erste Darmspiegelung ab fünfzig, und dann natürlich das große Thema Mammografie, das heute sehr kontrovers diskutiert wird.

Was ist Ihre Meinung dazu?
Ich bin sehr vorsichtig. Ich habe die Erfahrung gemacht, dass Frauen glauben, man könne sie vor Brustkrebs retten, wenn sie nur regelmäßig zur Mammografie gehen. Das trifft bei weitem nicht zu. Was man machen kann, ist eine Früherkennung. Dann findet man häufig die harmlosen Tumore; die wirklich aggressiven kommen oft zwischen zwei Mammografien. Das führt zu einer Übertherapie von harmlosen Tumoren, ohne dass es insgesamt einen namhaften Überlebensvorteil bringt. Einige Frauen fühlen sich trotzdem beruhigter, wenn die Mammografie negativ ist, und schöpfen daraus Lebensqualität.

Sie haben zusammen mit Ihrer Kollegin Brida von Castelberg eine App entwickelt, die Frauen bei der Krebsvorsorge unterstützen soll. Wie funktioniert sie?
Sie zeigt den Brustaufbau und anhand von Videos, wie man seine Brust untersuchen sollte. Und eine Erinnerungsfunktion

sorgt dafür, dass die Frau das nicht vergisst. Das Ganze sollte das Bewusstsein der Frauen für ihren Körper stärken.

Stichwort gernhaben: Welchen Stellenwert haben Frauenfreundschaften in Ihrem Leben?

Für mich sind Freundschaften mit Frauen sehr wichtig. Ich habe Freundinnen, auf die ich extrem stolz bin. Und ich muss sie auch nicht jede Woche treffen, damit wir uns nahe sind. Es gibt welche, die sehe ich vielleicht zweimal im Jahr, und dann ist es jedes Mal, als hätten wir uns gerade gestern getroffen.

Kennen Sie Konkurrenzgefühle bei Freundinnen?

Wenn ich eine Freundin habe, die erfolgreich ist in ihrem Beruf, dann freut mich das sehr. Meine Freundinnen kommen aus den verschiedensten Richtungen – das empfinde ich als äußerst bereichernd. Meine langjährige Freundin aus den Pfadfindertagen, die jetzt Gotte meines dritten Kindes ist, kann mir beispielsweise in einer halben Stunde meine Welt wieder zurechtbiegen. Und mit meiner besten Freundin wohne ich heute zusammen. Sie hat eine Wohnung auf dem gleichen Stock wie wir. Das habe ich mir übrigens schon im Gymi gewünscht: zusammen mit Freunden in einem Haus zu leben. Meine Freundin hat ebenfalls drei Kinder, und zusammen sind wir eine richtige Großfamilie.

Sie sind als Chefärztin in einer beruflichen Spitzenposition. Wie gehen Sie hier mit Konkurrenz um?

Als ich noch als Leitende Ärztin nach dem Mutterschaftsurlaub zurück an meine Stelle kam, hatten sich natürlich die Kollegen schon die spannende Arbeit aufgeteilt. Ich habe klar sagen müssen, ich sei nun wieder da, und habe ihnen für die gute Vertretung gedankt. In der Geschäftsleitung geht es vor allem darum, eine Arbeit zu leisten, die überzeugt, und den Rollenwechsel zwischen dem Einsatz für den eigenen Bereich und dem Denken für das Gesamtspital zu meistern.

Worauf gründet eigentlich Ihr Selbstvertrauen?

Lustig, es sagen mir immer wieder Leute, ich hätte ein gutes Selbstvertrauen. Das empfinde ich gar nicht so. Ich hinterfrage mich oft und habe mich lange nicht als sicheren Menschen empfunden. Meine Mutter hatte mir schon als Kind gesagt, dass man das eigene Tun reflektieren müsse, das hat sie uns auch vorgelebt. Heute, als 82-Jährige, coacht sie mich immer noch ein bisschen.

Wie stark wurden Sie von Ihren Eltern geprägt?

Ich bin überzeugt, dass die Liebe meiner Eltern mich sehr geprägt hat. Wir wurden zwar streng, aber liebevoll erzogen. Ich habe das Glück, dass beide noch leben. Obwohl mein Vater heute gesundheitlich schlecht beieinander ist, erhellt sich sein Gesicht immer noch, wenn er mich sieht. Das tut unheimlich gut.

*Unsere Bücher finden Sie überall dort,
wo es gute Bücher gibt, und unter
www.woerterseh.ch*

Silvia Aeschbach
**Leonardo DiCaprio
trifft keine Schuld**
Panikattacken mit Happy End

208 Seiten, Klappenbroschur
13,5 × 21,2 cm
Print ISBN 978-3-03763-049-5
E-Book ISBN 978-3-03763-554-4
www.woerterseh.ch

Die Journalistin und Autorin Silvia Aeschbach war knapp siebzehn, als sie ihre erste Panikattacke erlebte. Ihr Herz raste, sie zitterte wie Espenlaub, hatte Atemnot und schiere Todesangst. Mit viel Humor und einer gehörigen Portion Selbstironie schildert sie, wie sie an den immer wiederkehrenden Attacken fast verzweifelte und was für eine Erlösung es war, als sie – tausend kleine Tode und erst viele Jahre später – endlich eine Diagnose und einen Namen für ihre Krankheit erhielt. Silvia Aeschbachs Buch »Leonardo DiCaprio trifft keine Schuld« weckt Verständnis für ein oft unterschätztes Leiden, macht Betroffenen Mut und zeigt auf, wie man mit der Furcht umgehen kann. Eine wilde Achterbahnfahrt durch ein Leben mit himmelhoch jauchzenden Glücksgefühlen und entsetzlichen Ängsten und eine ebenso unterhaltsame wie packende Lektüre.